大谷翔平に見る商売繁盛の基本

田中真澄
Masumi Tanaka

目次

第2章　人生を成功させる2つの原則

第3章　時間の有効活用による専門力の形成

第5章　「こころ」の有効活用

序章

大谷翔平が体現している商売繁盛の基本体系

「大谷翔平」への願い

日本は、1990年代から続いてきた「失われた30年」から脱却し、再び上昇気流に乗ろうとしています。日本企業は攻めに転じてきましたし、この30年間で新しい時代に適応できる力を身につけた日本人の若い世代から、世界を相手に、堂々と自信を持って活躍する人たちが次々と輩出しています。

「失われた30年」は、日本人の捲土重来《けんどじゅうらい》（一度負けた者が、再び勢いを盛り返してくること）の期間であったと考えたいものです。したがって、この期間に生まれた日本の若い世代は、諸先輩の指導の下に力をつけて、新たな時代に立ち向かう力をつけてきていると見ていいでしょう。

実力をつけてきた彼らに共通しているのは、物事に対して単純明快な原理原則で向き合っていることです。昨今は、スマホの発達でSNS社会が実現したこともあり、情報量が激増し、物事をやたらと複雑に考える人たちが増えています。しかし、そういう人は頭でっかちになり、行動が伴わない、口ばっかり達者な人間になってしまう恐れがあります。

世の中で新しいことを手掛けて、世のため人のために行動している人は、「シンプル・

イズ・ベスト」の発想で、考えよりも行動に重きを置き、常にあらゆる面で、前進を図る人たちです。そういう人が本当の意味で時代を担う人たちなのです。

その典型的な人物が「大谷翔平」です。野球王国アメリカで活躍中の彼を見ていると、日本人として誇りを抱くと同時に、私たち自身も自分なりの自信を持ってやっていこうと、心中にやる気を感じさせてもらえます。

アメリカでは、大谷に対して、プロ野球球界の経営陣・選手たち・ファンたちはもちろんのこと、スポーツビジネスに携わる関係者の多くから、大きな期待が寄せられています。それは低迷しているアメリカのプロ野球の人気を、もう一度盛り返してほしいとの願いが、そこにあるからだと思うのです。

この10年、年々、アメリカでは、野球よりもアメリカンフットボールとバスケットボールに人気が移っています。とくに若い世代でその傾向が強いようです。

人間味の豊かさに魅了

若い世代の間で野球人気が低迷している理由は、他の2つのスポーツに比べて野球はスピード感と緊張感が乏しいことが挙げられています。しかし私はそれ以上に、プロ野球の選手に、人間的な魅力と新しい能力を磨く姿勢が乏しくなっている、ということが挙げられるのではないかと思うのです。

その証拠に、大谷の登場によって、彼の二刀流の素晴らしさに加えて、彼の人間的な魅力と行動力に憧れる人たちが増えています。あれだけ子供たちや女性にまで人気があるのは、彼の人間としての誠実さ・真面目さ・勤勉さ・謙虚さ・人への思いやり、などの人間味がこれまでのどの選手たちよりも、より豊かであり、さらに彼の日々の行動が前向きで明るいことにあるのです。その姿が子供や女性にまで受けているのです。

彼が球場のゴミ拾いを黙々とやっている姿、審判員に対する礼儀正しさ、ライバルの選手にも笑顔であいさつする人懐《なつ》っこさ、などなどの行為を通して、アメリカの人々は、人間本来の在り方を改めて考え直すきっかけを与えられたと思っているようです。

したがって彼の存在は、野球界の雰囲気を正常化し、野球人気を再び燃え上がらせると同時に、アメリカ人の生き方そのものを、改善していくことにつながる活躍をしてくれるような気がしてなりません。

個人事業主として

それと同時に、大谷はプロの選手ですから、個人事業主でもあります。その個人事業主としての彼が、あれほど繁盛している状況を目にすると、世の人々は、自分の仕事に対する姿勢を再検討せざるをえなくなります。

つまり商売繁盛の基本に立ち返って、自分の人間としての生き方を反省することにもなっているのです。

私たちは、一人ひとりが個人事業主と言える存在でもあるのです。したがって大谷の活躍を通して、そこから商売繁盛・事業繁栄のコツを学ぶ必要があります。なぜならば、これからの時代は、私たちの誰もが、個人事業主として活躍できる社会になるからです。その証拠に、昨今では、定年退職者の間から、起業家が続々と誕生しているではありませんか。それは当然のことで、すでにアメリカでは、起業家になるのが当たり前の社会になりつつあります。

商売繁盛の基本あり！

私は今、88歳の高齢者ですが、43歳の時、サラリーマンを辞めて、個人事業主（社会教育家）として独立しました。それ以来、今日まで45年間、どこの団体にも所属せずに、独立独歩の人生を歩んできました。それだけに、どうしたら商売繁盛できるのかを四六時中、考えている人間です。

そんな私の前に「大谷翔平」が登場してくれたのです。彼の一挙手一投足を見ていると、そこに商売繁盛の基本を発見できます。せっかくそうしたチャンスを目前にしながら、商売繁盛の視点から彼の活躍を伝えてくれる報道が、残念ながら見受けられません。

大谷は商売繁盛の神様

それは今の日本人の多くが、どこかに所属して給与を得ているサラリーマン的存在であることから、商売繁盛の情報ニーズが、我が国では高くないからだと思うのです。

サラリーマンは収入が保障されているだけに、一商人（事業主）と違って、目の前の業務に打ち込んでさえいれば生活は何とかできることから、自分が商売繁盛の道を歩めているのかどうかは、あまり考えないものです。

ところが現在の私のように、どこからも給与をもらわず、すべて自分の力で稼いでいかなければ生活できない個人事業主の立場の人間になると、片時も商売繁盛を考えないではいられないのです。

ですから大谷が登場し、彼の言動に接していると、

「なるほど、そうやれば商売はうまくいくのだな！」

と気づくことがしばしばです。まさに彼は野球の神様であると同時に、私に言わせれば、商売繁盛の神様でもあると言っても過言ではないのです。

学生時代、事業繁栄のコツを学ぶ

私は、「社会教育家」を肩書とする自営業主（個業主）で、「年中無休・終身現役」を提唱している風変わりな人間です。１００歳まであと12年ですが、できれば死ぬまで現役を貫きたいと思っています。

私は戦後10年目の１９５５（昭和30）年、東京教育大学（現筑波大学）に進学しました。

この大学は戦前の東京高等師範学校・東京文理科大学が母体になって１９４９（昭和24年）

年に新設されたもので、私が入学したのは、発足してまだ6年目であったこともあり、世間の人々は昔の感覚で、この大学を「教育の総本山」と受け止めていました。

そのことから、在校生に対して、家庭教師の依頼が数多く寄せられていました。私が学生寮に入居した時、事務室の掲示版に家庭教師募集の案内が多数出ていることで、その実態を知ったのです。

そうしたことから、私も家庭教師をアルバイトにしながら、大学4年間を過ごしました。毎年、裕福な事業主の家庭を1つ選び、そこに週2回赴き、子女の有力校進学のための入試指導をしたのです。

当時、一般のサラリーマン家庭は経済的にまだ余裕がなく質素な生活を送っていましたが、戦後の復興期に事業で成功できた事業主の家庭は、すでに経済的にかなり恵まれた生活を送っていました。

私は夕食付きの仕事を引き受けたこともあり、毎回、授業の前にご馳走にありつけ、貧乏学生の私にとっては、この特典はありがいものでした。

その特典に感謝しつつ、私は子女の指導に真剣に打ち込みました。そして事業主ご夫妻や子女本人が希望している学校への進学を、それぞれ手助けすることができました。

こうした私の指導振りが、どこのご夫妻・子女からも認められ、時々、授業後のお茶の時間にご夫妻と親しく懇談させてもらったものです。

懇談を重ねているうちに、各ご夫妻から事業繁栄のコツを自然に教えてもらうことができ、大学教育では得られない貴重な学びを得ることができたのです。

良き習慣と素早い行動

その貴重な経験から、事業繁栄の最重要な要因は、

「良い習慣を本気で実践し、物事の処理を素早く行動に移すこと」

と悟ることができました。まさに大谷もその通りのことを実践していますが、その人間としての生き方を学ぶことができたのです。

そして良い習慣を徹底して実践し、物事の処理を素早く行動に移していけば、誰もが事業主になれる可能性があると知り、私は将来に希望を抱けるようになったのです。

大学卒業後はサラリーマンになることだけしか考えていなかった私が、社会人になる最初の段階で、いつかは事業主になるチャンスもあるのだということに気づきを得たことは、人生において自己実現を図る貴重な鍵を手にしたことでもありました。

繰り返しますが、私たち一人ひとりは、一人の個人事業主でもあるのです。

事業主には定年がありませんから、健康でさえあれば、いつまでも働くことができます。ということは、現在はサラリーマンの人でも、定年後は、事業主となって自分の好きな仕事に携わり、死ぬまで働くことができるのです。そうすれば、老後も活気のある人生を過ごせるというわけです。

最近は、そのような生き方が最も生きがいのある、また価値ある人生だとの認識が、次第に中高年層の間で広まってきています。ですから定年族の間で、起業に挑戦する人が徐々に増えていますし、また政府もその動きを歓迎し、起業支援の政策を打ち出してきています。

私は独立当初から、「人生100年時代の到来」を説き、その新しい時代を生き抜くには「一身にして二生を生きる」の言葉を紹介し、

「サラリーマン人生を送った後は、事業主としての人生を歩みましょう」

すなわち、

「一生で二つの人生を送ろうではありませんか」

と、繰り返し提言してきました。

そして、その生き方を実現するためにはどうすればいいのかを、私の実際の体験をベー

スに、企業内教育や社会教育の場で論じてきました。

サラリーマンから事業主に転ずる場合、事業を大きくすることも一つの選択肢ですが、一方で、個人起業として小さな規模を保持しながら、商売繁盛の道を堅実に歩む努力を重ねていけば、多くの人が一生涯、仕事に恵まれ、充実した人生を送ることができるのです。

そのような生き方が世の中で認められる時代が来ると、早く気づくことができた私自身が、独立に際しては、自宅を事務所にし、妻と二人三脚の事業を展開しながら、今日に至っています。

その際に常に心掛けてきたのは、成功する事業主が共通して持つ良い習慣を実践し、物事の処理を素早く行動に移すという商売繁盛の基本を片時も忘れないことでした。

この基本は、どんな事業においても当てはまるものです。

これを無視して商売繁盛（事業繁栄）は長続きしないのです。

ところが日本の学校教育では、この、

「良い習慣を実践し、物事の処理を素早く行動に移すこと」

ということが、商売（ビジネス）の基本であると、ほとんど教えていません。

今の学校教育は、いい学校に進学し、いいところに就職するための教育でしかないのです。学校教育がそうであるために、日本人の多くは、社会に出て就職し、定年を迎えるまでの生き方は身につけていますが、定年後、事業主として生きるにはどうしたらいいのか、そのことを本当には理解できないでいるのです。

そのために、超長寿の世の中が到来したにもかかわらず、定年後の長い老後の生き方がわからず、中途半端な生き方のまま、老後を無為に過ごす人が絶えないのです。

その後の私を支えた「営業」の仕事

ところで私は大学4年生になって、就職期を迎えた時、将来は事業主になるために役立つ仕事ができる会社を見つけることを心掛けました。

就職試験を3社受けて、3つとも内定を得ました。その中で最も私の希望を実現できそうな就職先として日本経済新聞社（以後「日経」と表記）を選び、しかも営業部門を志望しました。

なぜなら事業を営む上で、商売繁盛のために何をすべきかの経験を積むためには、営業の第一線で働くことが最適と考えたからです。

この発想は正解でした。編集部門に進んでいたら学べなかった商売上の実務を、いろいろと重ねることができたからです。

私は仕事を通して、できるだけ事業がうまくいっている経営者と親しく接し、その方々の習慣を学ぶことに努力しました。おかげで、私は日経に在勤中に事業主として生きていくための貴重な情報を、たっぷりと入手できたのです。

日経には20年間お世話になりましたが、最初の10年は新聞販売店業界の現場で経験を積み、あとの10年は日経と米国マグロウヒル社（全米で№1の出版社）とが共同出資で新設した出版社・日経マグロウヒル社（現日経ＢＰ社）に第一陣の社員として出向し、販売責任者としてアメリカのマーケティングの手法を学びつつ、出版業界の人々とも付き合いながら、『日経ビジネス』（経済経営誌）・『日経エレクトロニクス』（電子技術雑誌）・『日経アーキテクチャー』（建築技術雑誌）の３誌の創刊時の販売業務を担当、それぞれを業界のトップ誌に育てることに尽力しました。

20年間にわたって販売現場での体験を重ね、また私なりの研鑽を通じて、商売繁盛の基本を自分なりに納得できるまで経験を積んだことで、事業主としてやっていける自信を持てるようになりました。

そこで、この辺でサラリーマンを辞めようと考え、思い切って在籍満20年を節目に辞表を出し、43歳になる直前に自助自立の人生に踏み出す決断をしたのです。

当時、私は日経マグロウヒル社の立ち上げを成功させた当事者の一人として、出版業界では注目を浴びていました。その私が出世の道を断って、将来どうなるかわからない社会教育家として独立したことに、周囲の人々は驚き、

「田中はどうしてそんな道を選んだのか、大丈夫なのだろうか?」

と不安視していたようです。しかし、私には勝算がありました。良き習慣の実践と、物事の処理を素早く行動に移すという商売繁盛の基本を、講演・執筆で熱意をこめて伝えていければ、必ずや新たなビジネスチャンスを生み出すことができると、それまでの諸々の体験から確信できていたのです。

この私の読みは当たりました。企業の社員教育の場でも、社会教育の場でも、私の提言は瞬く間に受け入れられていったのです。その証拠に、45年間で私の講演回数は7000回をはるかに超え、著作も100冊近くに達するまでになっているのです。

大谷に感謝

そんな私が、大谷がアメリカのプロ野球界で大活躍している様子、つまり彼なりの商売繁盛の実態に接し、改めて、そのための基本の重要性に気づきました。

彼は無意識のうちに商売繁盛の基本にしたがった生活をしています。それがアメリカでの成功にもつながっているのだと判断したのです。そして彼に学ぶ商売繁盛の基本に関して、私なりに論じた本を執筆してみたいと考えました。

大谷は今回の移籍契約で今後の10年間、ドジャースに所属してプレーすることが決まりました。その間、彼はアメリカ大リーグで、二刀流の選手として数々の記録を塗り替え、多くの人々からますます愛され、また尊敬（リスペクト）される人物になっていくでしょう。

私は、その「大谷翔平」の活躍を人生の最後の期間で見聞できる機会に恵まれたこと、さらに日本が再び世界をリードする国として蘇るであろう、そのプロセスを見られることを、とても嬉しく感じています。

大谷の言葉は簡潔かつ体系的

ところで、彼の談話を聴いていて、いつも感心するのは、簡潔で、しかも体系的であることです。それは、彼自身が自分の能力を体系的にとらえ、原理原則にそって単純明快に対処しているからではないかと思うのです。

何事を学ぶにしろ、その本質を身につけるには、できるだけ学んだことを体系化していくことが必要です。したがって商売繁盛の能力も、それを体系化して理解し、自分の戦力として活用していくことが大切です。

私は、学んだことをできるだけ体系化し、分かりやすく理解して、それを実践につなげるように努力してきました。

そこで、商売繁盛の能力を、私はまず次のように数式化・図式化してみました。

商売繁盛力＝専門力（時間の有効活用）×対人力（ことばの有効活用）×心構え（こころの有効活用）

※ことば・時間・こころの有効活用については本文で詳しく説明します。

この商売繁盛力を図式化すると、次のようになります。

この正三角形の底辺に位置する心構えを据えたのは、心構えは、専門力と対人力を支える基本の能力と捉え、この心構えこそが人生を左右する最も重要な能力と理解してほしいためです。

そのことを、私はだるまに例えて説明することにしています。だるまは倒してもすぐ起き上がりますが、それは、だるまの内側の底辺に「重り」が付いているからです。この「重り」が心構えに相当します。

「重り」が軽すぎると、だるまは起き上がりにくくなります。できるだけ重い「重り」がいいのです。だるま全体

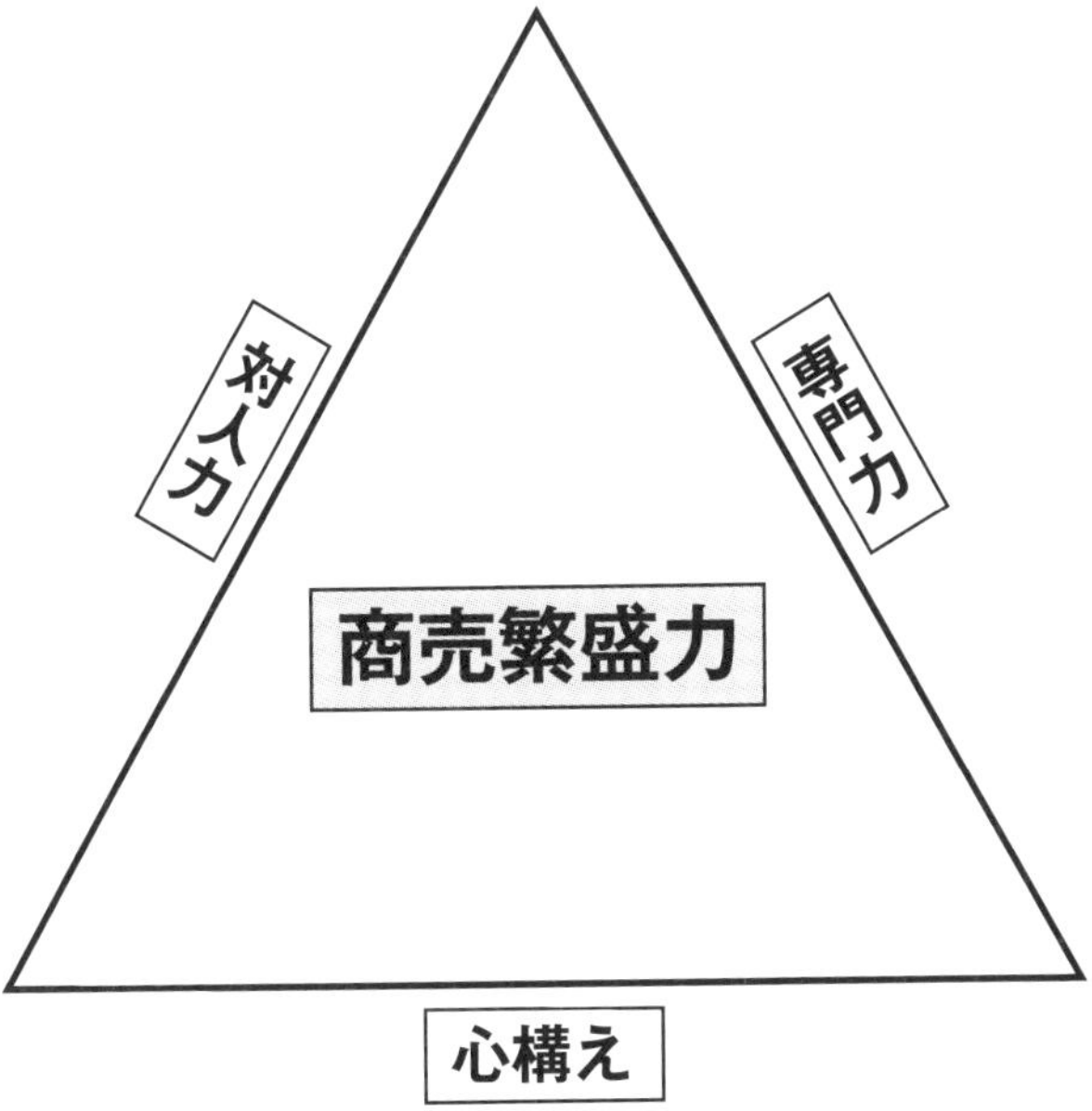

の重量を100とした場合、「重り」の重量が80であれば理想的と言われています。

つまり、それだけ「重り」が、だるまの価値を決めているのです。同じように、人間の一生も、こころの有効活用によって形成される心構えが決め手になるのです。

大谷は、その心構えが素晴らしいことから、アメリカであれほどの人気を保っているのだと考えるべきだと思います。

この本の原稿を書き終え出版社に渡した直後に、大谷翔平の元通訳・水原一平の一連の違法賭博事件が浮上し、水原はドジャースから即時解雇されました。この事件について大谷は全く知らなかったこと、水原に騙されたことを直ちに公表しました。

私は大谷の言う通りだと思いますし、彼がこんな目に合って可哀想でなりませんが、世間、特にアメリカのメディアは彼の説明を素直に受け止めない厳しさがありますので、この事件はしばらく大谷に付きまとうでしょう。

その結果、彼がこれまでに築き上げた素晴らしいイメージが、残念ながら大きく傷付けられることが考えられます。

しかし本文で書いておりますように、大谷にはこの程度の逆境なら、見事に乗り越えられる強い心構えの力が備わっているはずです。ですから何も心配はいらないと思います。

実際に、開幕してからの彼の活躍振りは、すでに私たちの心配を吹き飛ばすほどの勢いを示しています。私は、これが彼の凄さだと思います。これからも数々の逆境が襲い掛かってくるかもしれませんが、彼はそれを必ずや一つ一つ乗り越えて行き、アメリカプロ野球史上最高の選手として、その名を歴史に残す実績を収めてくれるに違いないと信じています。

ですから、彼がどんな困難にもめげず、着実に成長を続ける姿を見せてくれることを、今後の私の新たな生きる楽しみに加えたいと思っているところです。

第1章

大谷翔平は日本の伝統が生んだ賜物

1　日本人は良い習慣を大切にしてきた民族

外国人から見た幕末日本人

現在の世界で、良い習慣を最も実践しているのは日本人だと思います。

SNSが広く活用されるようになり、私たちはこれまでになく情報を容易に入手できるようになりました。そのおかげで私は、明治以前に来日した外国人の在日滞在時の記録を見つけては、それを読むように心掛けています。

その理由は、明治時代の文明開化の影響を受ける前の日本人を、来日した欧米の知識人はどう観察していたのかを知るためです。それを知れば、本来の日本人の素性がよくわかると思うからです。

その滞在記の代表的な書籍の1つに、カール・ツンベルク（1743～1828）の『江戸参府随行記』（平凡社東洋文庫）があります。彼はスウェーデン人で植物学・医学の学者で、日本に1年滞在した後、母国に戻り、スウェーデンのウプサラ大学（北欧最古の大学で、ヨーロッパの最も権威ある高等教育機関）の教授を経て、学長に就任しています。

彼は、1775（安永4）年に長崎出島のオランダ商館付きの医師として来日しました。その翌年、商館長に従って江戸に赴き、当時の将軍・徳川家治（第10代）に謁見しています。その時の旅行記が本書です。

彼は一流の学者だけに観察眼は鋭く、随行記には当時の日本人の性格もよく描かれています。例えば、「日本人の国民性」の最初の1節には、次のような記述で始まっています。

一般的に言えば、国民性は賢明にして思慮深く、自由であり、従順にして礼儀正しく、好奇心に富み、勤勉で器用、節約家にして酒は飲まず、清潔好き、善良で友情に厚く、素直にして公正、正直にして誠実、疑い深く、迷信深く、高慢であるが寛容であり、悪に容赦なく、勇敢にして不屈である。

日本では学問はまだ発達をみていないが、そのわりに国民は、どんな仕事においてもその賢明さと着実さを証明している。日本人を野蛮と称する民族のなかに入れることはできない。いや、むしろ最も礼儀をわきまえた民族といえよう。彼らの現在の統治の仕方、外国人との貿易方法、工芸品、あふれるほどのあらゆる必需品等々は、この国民の賢さ、着実さ、そして恐れを知らない勇気を如実に物語っている。

さらに続く文中では、次のような具体的な指摘も見られます。

勤勉さにおいて、日本人は大半の民族の群を抜いている。彼らの銅や金属製品は見事で、木製品はきれいで長持ちする。その十分に鍛えられた刀剣と漆器は、これまで生み出し得た他のあらゆる製品を凌駕するものである。（中略）

節約は日本では最も尊重されることである。それは将軍の宮殿だろうと粗末な小屋のなかだろうと、変わらず愛すべき美徳なのである。（中略）

清潔さは、彼らの身体や衣服、家、飲食物、容器等から一目瞭然である。彼らが風呂に入って身体を洗うのは、週一回というものではなく、毎日熱い湯に入るのである。その湯はそれぞれの家に用意されており、また旅人のためにどの宿屋にも安い料金で用意されている。

日本人の親切なことと善良なる気質については、私はいろいろな例について驚きをもって見ることがしばしばあった。それは日本で商取引をしているヨーロッパ人の欺瞞に対して、思いつく限りの侮り、憎悪そして警戒心を抱くのが当然だと思われる現在でも変わらない。国民は大変に寛容でしかも善良である。やさしさや親切をもってすれば、国民を指導し動かすこともできるが、脅迫や頑固さをもって動かすことはまったくできない。

大谷翔平の習慣は伝統の賜物

ツンベルクは学生時代、ウプラサ大学で植物学・医学を修めた後、フランス留学を経て、ケープ植民地でオランダ語を身につけ、3年かけて喜望峰周辺を探検し、その生態系を調べ『喜望峰植物誌』をまとめています。その後、セイロン・ジャワを経て、日本に来ています。その経過からアフリカ・東南アジアの国情を知った上で、日本人を観察していることから、彼の指摘は国際的にみて的を射ていると言えます。

このツンベルクの日本人論は、江戸時代に来日した欧米人の多くの観察と一致するものが多いというのが、私の結論です。

その結論から言えるのは、江戸時代の日本人も、今日の日本人も性格的には大きな違いがないということです。したがって、大谷の前向きで明るい性格は、長い日本の歴史が生んだものと言っていいでしょう。

ですから、彼の素晴らしい人格を形成している習慣は、日本人の良い伝統の賜物と考えられます。その習慣を探り、それを私たちが改めて身につけなおすことで、私たちもそれなりに商売繁盛ができる可能性を秘めていると考えるべきです。

2 周りの人のために頑張るのが日本人

災害に見る日本人の優れた習性

今年（２０２４年）の元旦早々に発生した能登半島地震は、津波と降雪も伴った大災害となりました。正月休みで余暇を楽しんでいる時に起きた大災害だけに、日本人の多くはテレビでその惨状を目にし、現地で被災された方々の身に思いをはせました。

嬉しかったのは、この災害が発生した直後から、自衛隊をはじめ、全国の自治体から緊急事態救援のための職員が現地に続々と派遣されたことです。

日本人は、こうした思わぬ災害が発生した時は、すぐに被災者に対して手を差し伸べる習慣を持っています。そのことは、昔からの日本人の優れた習性と言ってもいいでしょう。

よくアメリカなどで災害時に、群衆が商店から商品を盗み出す光景がテレビのニュースで映し出されますが、日本では到底考えられないことです。

私の原体験

私が高校1年の秋に経験したことで忘れられない思い出があります。それは日曜日の午後3時頃のことでした。両親と妹は、父の勤め先の運動会に出かけて留守でした。留守番役の私が机に向かっている時、突然、道一つ隔てた真向いの家が出火し、あっという間に火は全体に広がっていったのです。

その時です。近所の小父さんたちが、全身に水をかぶり、燃えている家に飛び込んでいき、中の家具を次々と持ち出しました。その光景に見とれている私のところにやってきた近所に住んでいた父の親戚の小母さんが、

「真澄さん、何をボンヤリしているの！　火が飛んできているよ、類焼する危険があるから、すぐ家具を外に出そう！」

と、私を励ましながら、私と一緒に箪笥や大切な家具を次々と裏の畑に運び出してくれ、

それに応じて近所の方々も手伝ってくれました。

幸いに我が家は類焼を免れ、火事にあった家も、ご近所の皆さんの必死な協力で、大切なものは全部持ち出せました。

この火災で、日本人の他人を助けようとする義侠心の素晴らしさを目の当たりにしました。自分の都合を犠牲にしても、他人のために尽くす精神が、日本人はとくに旺盛なことを実感したのです。

このことは、私が独立した時にも感じました。日経時代に親しく付き合っていた職場の同僚・部下や、出版界で私がお世話になった方々が、

「田中のために一肌脱ごう！」

と、私の仕事を自発的にサポートしてくれたのです。このことによって、私は独立時の不安を消し去ることができ、早めに仕事を軌道に乗せることができました。

プラス発想が周囲を巻き込む

私が受けた独立時の人々からの支援は、大谷の場合にも言えます。彼は、これまでの人生で、花巻東高校野球部監督の佐々木洋氏やＷＢＣの日本代表監督を務めた栗山英樹氏を

はじめ、数多くの指導者や支援者に恵まれたことが、今日の成功につながっていると誰もが認めるところです。

そうした指導者や支援者が彼を引き立ててきた要因の一つが、彼のプラス発想だと思います。そのことについて、月刊誌の対談で栗山氏は対談者の横田南嶺氏（臨済宗円覚寺派管長）にこう語っています。

普通の選手は追い込まれた状況に直面すると、プラスとマイナスのイメージがどちらも頭の中に浮かぶはずです。ただ、翔平の場合、〈もしダメだったら〉というマイナス思考が浮かんでいるようには見えない。プラスになるんだって百％信じて行動する。ちょっと無理かなと思うようなことを僕らが要求すると、彼はすごく嬉しそうな顔をしてやってくれます。要するに、自分ができないと思われることにチャレンジすると、達成できてもできなくても自分のレベルが引き上がる、能力が高まるということを知っているんじゃないでしょうか。

（『月刊致知』２０２３年10月号）

私はこの栗山氏の発言を読んで、すぐ思い出した人がいます。それは私が日経マグロウヒル社に出向して、最初に取引先として選んだ会社で、現在も日経ＢＰ社の最大の取引先である㈱アテナの創業者の渡辺順彦氏（現在は同社の会長）です。

渡辺氏は、私共が提案する新しい業務上の難題の処理を、どんな場合も快く引き受け、それを何とか解決してくださいました。そのことで同社のスタッフの方々はずいぶんと苦労されたことは、私共もよくわかっていました。

しかし、そのチャレンジ精神が、同社の実力を年々引き上げていき、あれから55年経過した今日、同社は業界の代表的な革新企業として、日本の出版業界をはじめ、ダイレクトマーケティングの業界で、大きな存在になっています。

サービスとは、

「相手の困っていること・望んでいることを迅速に解決すること」

との解釈を私はいつも用いていますが、そのように周りの人々の問題解決に努力する人々の多い国が日本です。ですから日本は世界中の国々から信頼されているのであり、それは大谷をはじめ個人にも言えるのです。

大谷が行った日本の小学校6万校に対してグローブを3個ずつ寄付したこと、またその直後に起きた能登半島地震災害に対する巨額の寄付金など、豊富なボランティア活動に対し、現地アメリカでもメディアは大きく取り上げ、盛んに称賛しています。

3　良い習慣の訓練で最適の場は家庭

両親の振舞いが最高の教育

これまで拙著でたびたび引用してきた言葉があります。それは福沢諭吉が1876（明治9）年に著した論文「家庭習慣の教えを論ず」の次の一節です。

父母たるものが、教育といえばただ字を教え、読み書きの稽古をのみするものと心得、その事をさえほどよく教え込むときは立派な人間になるべしと思い、自身の挙動には、さほど心を用いざるものの如し。されども少しく考え見るときは、身の挙動にて教えることは書を読みて教うるよりも深く心の底に染み込むものにて、かえって大切なる教育なれば、自身の所業は決してなおざりにすべからず。

つまり福沢諭吉は、両親の家庭における行動は、普段の勉強で学ぶことよりも、ずっと大きな影響を子供に与えると説いているのです。

確かに、両親が家庭で示す習慣は、子供たちも無意識のうちに自分のものにしていきます。私の両親は、何事も早め早めに対処するのが習慣でした。約束の時間を守らないことを最も嫌いました。

その影響を受けた姉も私も妹も共に、両親と同じように早めに行動する習慣が身についています。先日、久しぶりに私の家に3人で集まることにしたところ、姉(95歳)も妹(82歳)も集合時刻の30分前には来てくれました。その時は、3人で両親の習慣はそのまま子供に伝わるものだね、と話し合ったことでした。

両親の背中を見て育った大谷

この私の事例からもわかる通り、家庭は子供にとっての良い習慣を身につける場なのです。したがって、両親は最も影響力のある習慣の教師です。もし両親が良い習慣の持ち主でない場合、その子供たちは後々大変苦労することになります。逆に両親が良ければ、その子供たちは良い人材として素直に成長していけるのです。

大谷はその見本と言えるでしょう。

彼の両親は謙虚で礼儀正しく、しかもスポーツマンタイプの人です。父親の徹氏は岩手県北上市の出身で、中学2年の時、三種競技A（100m走・砲丸投・走高跳）において県大会で入賞するほどの運動能力に秀でた人でした。

その後陸上競技から野球に転じ、エース兼4番打者として活躍しました。高校では甲子園を目指しましたが及ばず、卒業後は横浜の三菱重工横浜野球部にスカウトされ、そこで6年間活躍し、7年目に退部、加代子さんと結婚。第2子ができたときに、郷里のトヨタ自動車東日本に転職し、北上市の隣町奥州市（旧水沢市）に居を構え、「大谷翔平」はそこで誕生したのです。

母親の加代子さんもスポーツ選手で、小学校5年からバトミントンをやり、中学生の時には神奈川代表の選手として全国大会に出場し、準優勝の成績を残し、高校でも選手として活躍、その後バトミントン部のある三菱重工横浜に就職し、実業団チームの一員として活躍、そこで父親の徹氏と職場結婚したのです。

徹氏は、奥州市に移住してから、会社勤務後は大谷翔平少年が小学2年から所属した少年野球チーム「水沢リトル」のコーチとなり、翔平少年が中学進学後に移った「一関リトルシニア」のチームでもコーチを務め、翔平少年は計7年間も父親の指導を受けています。

徹氏は息子のとの間で「野球ノート」を交わし、考える野球、書く野球を指導し、物事を論理的に考察する習慣を身につけさせています。徹氏は、野球指導者としても群を抜いた存在の人でした。

翔平少年が記した3つのこと

翔平少年が10歳の時に書いた野球ノートには、忘れてはいけない3つのポイントとして、以下のような項目が記されています。

○大きな声を出して、元気よくプレーする。
○キャッチボールを練習する（相手の取りやすいボールを投げる。悪いボールは体の正面でとる）。
○いっしょうけんめい走る（内野ゴロでも、外野フライでも、最後まで走る）。

私は、この野球ノートに綴られている10歳の頃の諸々の記録が、今日の大谷翔平の行動の原点になっていることを知りました。

大谷は、この両親の存在なくしては考えられないほど、両親の影響を受けています。さらに彼の6つ年上の長兄・龍太氏も社会人野球の選手として活躍し、現在はトヨタ自動車東日本チームの専任コーチとなっています。この兄が野球をしていたことに彼は憧れて、自分も始めたようです。

息子は母親の気性を受け継ぐといいますが、確かに大谷の行動や考え方を見ていると、そのことを痛感させられます。母親の加代子さんは、見た感じからも鷹揚で優しい人のように見えますが、実際、大谷は母親から叱られたことはなかったと言っています。

父親がチームのコーチや監督の立場であったことを考えると、この母親が彼を包み込むように温かく接したことに違いありません。そのおかげで、「明るく素直で前向きな人材」が育ったのだと思います。

4　商売は善悪が先で損得は後

倉本長治氏の商売十訓

大谷の言動は、商売繁盛の基本から見て、いい線をいっているのです。そのことをここで検討してみたいと思います。

私は1979（昭和54年）年に独立したことを先述しましたが、その翌年から始まる1980年から、日本経済が最も輝いた時期がスタートしました。当時は北海道から九州まで好景気の波が押し寄せており、まちまちの商店街も活気で溢れていました。

またそれを助けるように、雑誌『商業界』の発行元・㈱商業界が主催する〈商業界ゼミナール〉は、各地で多くの商業関係者を集め、活況を呈していました。

私も1982（昭和57）年からそのゼミナールの講師として招かれるようになり、そこでゼミナールの創始者である倉本長治氏（1899〜1982）の商道に関する遺訓を知りました。その中でも最も有名なのが次に掲げる「商売十訓」で、これは商人の原点とされ、今日でも関係者の間で大切にされています。

1　損得より先に善悪を考えよう。
2　創意を尊びつつ良いことを真似ろ。
3　お客に有利な商いを毎日続けよ。
4　愛と真実で適正利潤を確保せよ。
5　欠損は社会のためにも不善と悟れ。
6　お互いに知恵と力を合わせて働け。
7　店の発展を社会の幸福と信ぜよ。
8　公正で公平な社会活動を行え。
9　文化のために経営を合理化せよ。
10　正しく生きる商人に誇りを持て。

私はこの第1項で、損得よりも先に善悪を考えよ、ということを筆頭に掲げられている

点に注目しました。倉本氏は、

「お客の暮らしを豊かにするところに商人の務めがあり、その結果として繁盛できるのであって、先に儲けようとすると繁盛は逃げていく、だからまずお客のために尽くすという善の行為を先にせよ」

と諭しているのだと思います。

大資本に抵抗する心ある庶民

しかし、この倉本氏の正しい考え方は、1990年代以降に激しくなってきたアメリカ流の利益第一主義を唱える大資本の攻勢によって、町の商店街は次第に郊外の大型店舗に売上げを奪われ、次第に衰退の一路をたどっていきました。真面目な商人による町中の小さな商店では、商いが難しい時代になってきています。

これは日本だけではありません。アメリカでもヨーロッパでも同様の傾向が顕著です。人間性を無視した怒涛のように襲い来る大資本の攻勢に、善良でも力を持たない庶民は、大資本のなすがままになっているのが今の世界の現状です。

この現状に対して、今、心ある庶民は、静かに抵抗を試みつつあります。ネットを活用した通信販売がその一つです。地方の過疎地の店でも、独自の商品をネットで紹介し、全国的に販売できる社会的背景をうまく活用する動きです。

併せて、一般庶民がＳＮＳを利用し、様々な独自情報を世界に伝えることが可能な時代が到来しました。そのことが従来にはなかった新しい社会的システムとして機能しつつあります。

感銘と共感を呼び込む大谷の善行

大谷の球場でのあらゆる行動が、一瞬にして全米に、そして日本にも伝わっているのは、まさしくネット社会のおかげです。

彼が球場で、審判や相手チームの選手にも笑顔であいさつし、球場のゴミを拾い、ファンが求めるサインにも気軽に応じている様子は、テレビやネットの画面で伝えられると、敵味方なく見る者の心を明るくし、感動を誘うものです。

大谷がベンチでゴミを拾って、きれいにしている光景を目にした野球少年たちは、早速、自分たちもベンチやまわりや球場のごみを拾うようになったというニュースが報じられましたが、球場における彼の善意の行動は、そのようにして、人々に大きな影響をもたらしていることに気づかされます。

このことは、アメリカのプロ野球業界の首脳たちからも好感を持たれているようで、大谷の行為がプロ野球の発展のためにも役立つとの認識が彼らの常識になっているようです。

私が驚いたのは、大谷がドジャースに移籍すると決まると、ドジャースの選手の奥さんたちも大喜びしているとのニュースに接して、彼の言動は他球団の選手だけでなく家族にも好感を与えていることでした。それだけ彼の人間的な善良な行為は、敵味方を超えて人々に感銘と共感を呼び込んでいるのだと思います。

アメリカでは１９６０年代以降、大資本の攻勢が日本以上に強く、それこそ善悪よりも損得の価値観が先行する社会になっていき、一般の人々の小さな善意がそれほど評価されない社会になりつつあったのだと思います。そんな時に、大谷の人間としての善意・正直・情熱・謙虚な良い行為が、アメリカ国民の前で示されたのです。

それを見たアメリカ国民の多くは、彼の行動に素直に感動し、人間としての本来の善意が呼び覚まされ、それがネットでみんなの間に広がり、それが共感となっていったのではないでしょうか。

このことは、「善」が「損得」よりも先行した素晴らしい事例と申せましょう。

5 大谷翔平は「商売繁盛の基本」の実戦者

アメリカ人が忘れたものを思い出させる

イギリスの経済学者・リチャード・ウィルキンソンと疫学者・ケイト・ピケットが共同で500を超える文献と国際比較データを駆使した研究書『格差は心を壊す』（東洋経済新報社）が、世界の識者の間で話題を呼んでいます。

それは、アメリカの格差社会における人々の心理的な状況が報告されているからです。

私も同書の次の指摘に目を止めました。

上流階級の持って生まれた特性というより、不平等の拡大によってお金持ちで社会的地位の高い人間が身勝手な行動をする風潮が生まれていることだ。ポール・ピフ（カルフォルニア大学心理学者）の観察や実験はすべて米国で行われた。

現時点では、お金持ちになるほど反社会的な行動が強まる傾向は、不平等が小さな社会ではあまり目立っていない。研究者によれば、米国よりもはるかに平等な社会であるオランダ、ドイツ、日本では、お金持ちは貧しい人と同じくらい信頼がおけて、寛大であるとされている。2015年の研究の新たな発見によれば、米国のお金持ちは不平等が高い州ほど寛大さが失われていく傾向がある。

アメリカよりもずっと平等社会であると言われている日本に住んでいる私たちは、この研究書の指摘がピンときません。しかし大谷があれだけアメリカの国民から高い評価を受けていることに、その答えは含まれているのではないでしょうか。

彼のずば抜けた寄付行為、ファンを含めたプロ野球関係者に対する善意の人間的な振舞いが、アメリカ国民が忘れていたものを思い出させることになったからです。

かつてのアメリカ人の大半が白人であった頃は、大谷のように心優しく人々に対しても寛大な人々で満ちていたはずです。それが大資本攻勢の与える影響が世の中に浸透していった結果、人々の間に大きな経済格差が生まれていきました。

そのことによって金持ち階級の人々の間に尊大さが生まれ、低所得者に対して非道徳的・

非倫理的な態度で接する社会的風潮が形成されていったのだと思います。

そこへ大谷が登場したことで、アメリカの金持ちもそうでない人も、損得の価値観で生きるより、善悪の価値観で生きることの尊さを改めて痛感したのでしょう。

私たち一人ひとりは、元々一人の事業主（個業家）であることは先に繰り返し触れました。そうである以上、それぞれが独自の機能を販売する商人でもあるのです。この自分は商人であるという自覚を持つことができた時から、その人の本当の人生が始まると言ってもいいでしょう。

その意味からすると、「大谷翔平」は立派な商人です。

彼は顧客であるファンを大切にし、彼を取り巻く関係者に対しても、常に礼儀正しく、また明るく接しています。その善意の態度が、彼のマーケット形成につながっています。それを彼は無意識のうちにやっているのでしょうが、それでいいのです。彼は商人としてやるべきことをちゃんと実行しているのですから。

その証拠に、倉本長治氏の「商売十訓」を読み直してみてください。彼はその多くをすでにやっているではありませんか。

儲けは人の喜びの先にある

柳井正氏（ユニクロを中心とした企業グループ持株会社であるファーストリテイリング代表取締役会長兼社長）は、倉本長治氏を尊敬する人物の一人ですが、倉本氏の言葉「店は客のためにある」について、こう語っています。

この言葉は、経営者の体裁を繕う美辞麗句でもなければ、耳に心地よいスローガンでもありません。経営のありとあらゆることを、これに徹する覚悟と実践を求める決意の言葉です。極めてシンプルな表現のうちに、商いの原理原則のすべてが込められています。（中略）小売業というと長らく、誰でもできる小手先のものだと思われてきました。最近の起業家たちの一部にも、そうした思い込みが見られるように思います。みんな儲かりそうだからITやインターネットのほうへばかり目を向けて、上場させるとすぐ経営権をファンドに売ってしまう。私はそういう経営者はダメだと思います。

最近の起業家は、在庫をできるだけ持たない商売を探していると聞きますが、そんなのは儲かるわけがないでしょう。儲けようとしたら絶対にもうかりません。誰も人を儲けさせようと思って、応援してくれる人などいません。

儲けは、己の全身全霊をかけて人に喜んでいただく先にあります。結局のところ、応援してくれる人を何人つくれるかがすべてです。倉本長治さんはそれを、「お客様という名の友を作れ」と言っています。

（『店は客のためにあり店員とともに栄え店主とともに滅びる』（プレジデント社）

この柳井氏の言葉の、

「儲けは、己の全身全霊をかけて人に喜んでいただく先にあります。結局のところ、応援してくれる人を何人つくれるかがすべてです」

という箇所を読んだ時、私は大谷のことを思いました。彼が多くのファンに支えられる今日の状況を創り出すことができたのは、少年時代からの弛まぬ全身全霊の努力の成果なのです。

アメリカ大リーグの著名な選手がこぞって大谷をたたえるのは、野球の選手なら誰もが夢に描く二刀流（エースとしての投手と四番を打つ打者の二本立て）を、見事に実現した彼の長年にわたる真剣な努力に対して、自然に頭が下がるからです。

この超人的な努力は、本来、商売繁盛の理想的な基本なのだと言わねばなりません。

第２章

人生を成功させる２つの原則

1　大谷翔平に見る2つの原則

基本徹底と自己革新

私たち誰もが、人生でそれなりに成功したいと願っています。もちろん私もその一人です。ですから事業主として成功するにはどうすればいいのかを、学生時代からずっと模索してきました。そしてわかったのが、2つの生き方の原則を常に実践していくのが大前提であるということでした。それが次の単純明快な2つの原則です。

○絶えざる基本徹底
○絶えざる自己革新

この2つを、私は自転車の両輪に例えて説明しています。後輪が「基本徹底」に相当し、前輪が「自己革新」に相当するのです。

自転車を運転する場合、まず後輪を動かすことから始め、同時に、前輪で方向を決め、さらに道の状況に応じて方向を変えながら進んでいきます。この2つの動きが伴うことで、自転車は順調に進むことはだれでも知っていることです。

人生も自転車に例えて考えると、その成功の仕組みがよく理解できます。両輪が同時に動いてこそ自転車は前に進むように、人生も絶えざる基本徹底と絶えざる自己革新が共になされてこそ、順調に展開していくものです。

私は、この生き方の原則を明確に意識できるようになってから、生きる希望が持てるようになりました。また人を指導する場合でも、絶えざる基本徹底・絶えざる自己革新の習慣を身につけさせることで、教育効果がぐんと上がることを実感してきました。

私の講演活動においても、この2つをベースとした内容を徹底的に繰り返し展開していくことで、聴講者の皆さんもそれを理解していただき、実際に生活の場で実践していただくことをお願いしているのです。

そんな私の実際上の経験から、「大谷翔平」の成長の過程で、2つの原則が彼の生活には貫かれていることに気づき、そこをずっと注目してきました。

8項目の誓い

大谷は、高校1年生の時に出会った花巻東高校野球部の佐々木洋《ひろし》監督の指導の下で、2010（平成22）年12月6日に、彼が作成した目標設定のためのマンダラアートは、今や世界的に有名になっていますが、そこに記されている項目に、彼の基本徹底と自己革新の具体的な目標が見事に示されています。

この目標設定を彼は高校1年生（16歳）の時に書き上げたのです。もちろん佐々木監督の丁寧な指導の下に作成されたものですが、それにしても、よくぞ、この目標設定を高校1年生で完成させたものだと感心させられます。

当時の彼は、

「8球団からドラフト1位指名を受ける」

ということを目標に掲げ、そのためのやるべきこととして、

「運」「人間性」「メンタル」「体づくり」「コントロール」「キレ」「スピード160㎞／h」「変化球」の8項目をかかげています。

私が特にすごいと感じたのは、「運」という項目を取り上げていることでした。私は常々、

人生で大切なのは、

「一引、二運、三学」

という3つだと言い続けてきました。まず最も大事なのは、人様からの引き（引き立て）であり、それが良い運につながるからです。

そこで大谷が掲げた「運」をよくする項目として、基本徹底に属する5項目、すなわち、

「道具を大切に使う」

「あいさつ」

「ゴミ拾い」

「部屋そうじ」

「審判さんへの態度」

と、自己革新に属する3項目、すなわち、

「本を読む」

「応援される人間になる」

「プラス思考」

の合計8つを掲げています。

そしてこの8項目の実践を毎日自らに課し、それを習慣として身につけてきたのです。

そのことは、彼の選手控室・ベンチ・球場で見せる行為に見ることができます。

彼の習慣は、一朝一夕でできたものではありません。長い年月をかけて毎日繰り返し行ってきたからこそ、大観衆の前でも何のためらいもなく堂々とできるのです。

まず観衆が驚いたのは、彼が審判にあいさつし、塁上に出ると、相手方の選手にもにこやかにあいさつすることでした。あの光景は見ていても心なごむものです。それは審判陣や相手の選手にも言えることで、彼らもいつのまにか、大谷に近寄ってきてあいさつするようになっていきました。

その結果、相手の選手だけでなく、選手の奥さんや子供までも大谷ファンにさせていったのです。そうした周囲の人々からの引きが、彼の気持ちを上向かせ、いいプレーにもつながっていったことは容易に想像できることです。

私は2021（令和3）年、85歳になった年に拙著『良き習慣が創った私の人生』（ぱるす出版）を著しました。この中で、オグ・マンディーノ（アメリカの著名な自己啓発書作家）の次の言葉を紹介しています。

実は、失敗者と成功者にあるたった一つの違いは、〈習慣〉の違いだ。良い習慣はあらゆる成功のカギである。悪い習慣は失敗に通じる鍵のかかっていないドアのようなものだ。それゆえ、他のすべてに優先して、私が従う第一の法則は、〈私は良い習慣を身につけ、その奴隷になる〉というものだ。

私は日経に入社して間もなく、このオグ・マンディーノの言葉に出会い、よし、私も良い習慣の奴隷になろうと決意しました。そして大谷ほどではありませんが、日々、良い習慣を実践し、自己革新のための書籍に親しむことを重ねていきました。

2　良い習慣を守り続けた人は人生に満足している

良い習慣は信頼を呼び込む

周りの人をよく観察しているとわかることがあります。それは良い習慣の持ち主は、世の中の人々との人間関係が良好なため、本人自身が満足な人生を過ごしています。

人は行動で推し量られるものです。いつも良い習慣を身につけて生きている人を、周りの人は、

「あの人はいい人」

と判断するものです。そうした周りから好評価を受ける人は、次第に自己肯定感を抱くようになることから、本人はますます良い習慣を守っていく行動をとることになります。

最近、「自己肯定感」に関心を寄せる人が多くなり、それに関する心理学の本も出ています。ということは、それだけ自分を肯定して生きることを望んでいる人が多いというこ

とでしょう。

その願望を実現するには、まずは良い習慣を実践することが第一です。なぜなら、良い習慣を実践していると、必ず周りの人から認められるようになり、時には褒められるようになります。そうした行為が続くと、周りの人は、その人を信頼するようになりますから、本人も次第に自己肯定感が持てるようになっていくものです。

大谷があれだけ人に好かれファンに愛されているのは、彼自身が常に自己肯定感を抱いているからです。彼のその感覚が人々を引き付けるのだと思います。それもこれも、すべては彼の良い習慣があってのことなのだと思います。

その自己肯定感があるからこそ、彼は自分を見失うことなく、冷静な気持ちで試合に臨んでいるのです。

アメリカでは、ベーブ・ルースが１９１８年に史上初めて同一シーズンで、「2桁勝利・2桁本塁打」を記録していますが、大谷も２０２２年にそれを達成し、１０４年振りにベーブ・ルースの記録と並びました。さらに彼はベーブ・ルースもできなかった規定投球回数・規定打数のダブル規定到達も達成し、アメリカのファンを驚かせたのです。それ以来、彼はいつもベーブ・ルースの記録と比較される存在になりました。

そうしたルースと比較される大谷は、どんな気持ちでいるのだろうかと思い、彼に関する書籍でその言動を探していたところ、スポーツライターの齋藤庸裕氏が著書で、それに関することを次のように書いていたのです。


2023年4月18日、ルースが活躍した旧ヤンキースタジアムの開場100周年の日に、大谷が現在のヤンキースタジアムで本塁打を放った。ルースもちょうど100年前、旧ヤンキースタジアム開場の日に本塁打を放っている。偶然すぎはしないだろうか。

「100周年だとは知っていましたけど、本塁打を打っているかどうかは全然、わからなかったです」

大谷からすれば、目の前の試合に全力プレーするだけで、ルースと比較されようが、誰と比較されようが、自分を見失うことはない。その自然体も偶然も、ルースの姿と重なっている。

(『大谷翔平語録』宝島社)

ルースの姿を追って

斎藤氏はアメリカで大谷を密着取材している人ですから、彼が目の前の試合に全力で臨んでいることを知っているだけに、この文章が書けたのでしょう。

これを読んだ私は、斎藤氏が最後のところで、

「その自然体も偶然も、ルースの姿と重なっている」

と記しているのが気になり、ルースの姿とは何かを調べてみました。

その答えは、MLBジャーナリストのAKI猪瀬氏の著書の中にありました。猪瀬氏は、ベーブ・ルースが1939年6月12日に野球殿堂入りした時に語った言葉を紹介しています。

> 後に続く若い選手たちにも殿堂入りの喜びを感じてほしい。そして、年配の方には、ここに来て、私のキャリアを思い出してほしい。私は懸命に働き、野球にすべてを捧げてきた。次世代を作る若い選手たちよ。一生懸命働き、野球に取り組んでくれることを願っています。
>
> （『大谷翔平とベーブ・ルース』角川新書）

大谷は、このルースの野球殿堂入りした時のスピーチを聞いたかのように、それこそ全身全霊、懸命に野球一筋に打ち込んでいます。だからこそ、ベーブ・ルースの記録を追いかけるように活躍できているのだと思います。

さらに私はベーブ・ルースのことを少し調べてみました。その結果、大谷はひょっとしたら、ベーブ・ルースを超えて、21世紀のアメリカ国民が最も崇拝する名選手になる可能性があるのではないかと思うようになりました。

なぜならば、ベーブ・ルースは貧乏な家庭に生まれたこともあり、幼くして不良の仲間に入り、7歳の時、全寮制の矯正学校兼孤児院に送り込まれ、そこで12年間も過ごしていました。もしそこでバウトラー神父（後に校長）に出会い、野球の指導を受けずにいたら、のちのベーブ・ルースは誕生しなかったのです。この生い立ちの違いだけでも、大谷に分があるというものです。その証拠に、ルースの晩年は心身ともに決して幸せではなく、53歳でなくなっているのです。

その点、良い習慣を続けている大谷の人生はもっと素晴らしくなることは間違いないと思います。

3　自己成長に終わりなし

自己成長に終わりはありません。例えば、笑顔がそうです。笑顔の大切さは誰もが知ることですが、それを絶やさないでいることは難しいのです。したがって、「絶えざる自己革新」は生涯の努力目標になるのです。

私は、繰り返し読まれている著書の中で、笑顔に関する事例を紹介しています。

笑顔は強力な武器

笑顔は他人に好感を与えると同時に、自分の心を明るくする効用があります。

〈あの人は暗い〉と周りで評判だった高校生のN君は大学入学直後、知人に連れられて私の講演会に参加しました。

そこで、ディズニーランドの笑顔が大きな集客力になっていること、笑顔は対人力を強化する重要な要素であることを知りました。N君は、その時、初めて笑顔の大切さを悟ったそうです。自分は無愛想で人に嫌われていることを自覚したのでしょう。

さっそく大学生になると、東京ディズニーランドのアルバイトに応募しました。幸いにアルバイトに採用され、会社で訓練を受け、次第に明るい振りが自然にできるようになりました。

その結果、近所でも評判の明るい人に変わっていきました。その後、彼は大学を出て大企業に入社し、瞬く間に頭角を現しました。

明るく生きる努力を重ねることは、人生の勝利につながっていくのです。

（『田中真澄の88話』ぱるす出版）

この事例はN君の知人から直にうかがった話ですから印象深く覚えているのです。その後もN君が笑顔を保つことに絶えず努力していてほしいと願うものです。

私が感心しているのは、大谷が笑顔を絶やさないことです。彼が1塁に出塁すると、相手チームの1塁手や塁審と笑顔であいさつして、談笑しています。その光景を見て2塁手までが寄ってくる時もあります。さらに彼が2塁に進塁すると、今度は遊撃手までもが塁上までやってきて笑顔で言葉を交わす場合があります。

こうした光景を目にすると、私だけでだけでなく、多くの人が彼の笑顔あふれる行為に目が止まり、

「大谷は誰からも好かれるのは当然だ」

と思うものです。

この彼の笑顔について、野球評論家の田尾安志氏は次のように述べています。

死球を受けてもカッとならず、ぶつけた投手をかばうように笑顔で〈大丈夫〉のサインを送る。不利な判定をされても審判に不満を表すこともない。圧巻の剛速球や打球でうならせてきた大谷だが、最も驚かせたのは人間性の部分ではないだろうか。

投打同時出場を果たしたオールスター戦などで、他チームの選手たちがこぞって大谷との記念撮影を求めた光景は、敵をもとりこにし、憧れられる存在になったことを表していた。

大人たちにとっても多くの見習うべき点が大谷にはある。一選手の域を超えて米国の文化や人々の価値観をも変える力を持つ、全人的な魅力にあふれる大谷、来季はどんな形で

我々に感銘をもたらしてくれるか、今から楽しみでならない」

（日経新聞電子版　２０２１年10月10日付）

笑顔が人生を豊かにする

この田尾氏の指摘に私も大賛成です。大谷のすべての行動が、私たちに数々の気づきを与えてくれます。それだけに、今後、彼の笑顔をはじめ様々な行為に関する学問的な研究が、あちこちでなされることでしょう。というのは、アメリカでは、笑顔に関する研究が、以前から数々なされているからです。次の２つの研究もその例です。

アメリカのカリフォルニア大学バークレー校の心理学研究チームが約30年かけて卒業生１４１名（女性９名）のその後の人生を追跡調査したところ、卒業アルバムに笑顔で写っていた人たちは、そうでなかった人たちに比べて、結婚率が高く、人間関係や健康面などでも満足度が高い人生を送っていることが判明しました。

またアメリカ・ウエスタン州立大学が２０１０年に行った研究では、野球カードに写真があるメジャーリーガーたちの寿命を調べた結果、笑顔で写っている選手たちの寿命は、笑顔でない選手たちのそれよりも約７歳も長かったそうです。

こうした調査研究がなされることによって、大谷の笑顔や好感が持てる行為の凄さが、ますます認識されていくでしょう。

私は笑顔の効用については以前から注目し、拙著でもたびたび触れてきましたし、今も笑顔に関する情報には常に関心を持っています。

そこで知ったのは、早稲田大学人間科学部の宮崎正己教授の宮崎ゼミで、「笑顔」の研究がなされていることでした。

同ゼミで教育コーチを務めている菅原徹講師はこう語っています。

「笑顔はポジティブな心を作ります。笑顔を作ると、表情筋活動の生理的フィードバックがポジティブな感情を喚起するという報告もあります。笑顔は、個人の人生を豊かにするだけでなく、周囲の人も含めた社会全体を幸せに導きます。社会を幸せにすることが、実は「笑顔」研究のだいご味です」

（『SCHOOL OF HUMAN SCIENCES』人間科学部　2016年7月18日号）

この菅原氏の指摘は、まさしく大谷にぴったり当てはまるなと思いました。

4　大切にすべきは私たちが皆持っている3つの財産

時間、ことば、こころ

先に、「絶えざる基本徹底」と「絶えざる自己革新」が習慣の基本原則と述べましたが、その基本原則は、3つの分野において、それぞれ実践していく必要があります。その分野とは、人間が平等に持つ次の3つのことです。

○時間
○ことば
○こころ

この3つの平等の財産を、いかに有効に活用するかで、その人間の能力が決まっていくのです。逆にそのことがわかると、私たちは自分の能力開発を効果的に行っていけます。

大谷の現在の素晴らしい野球人としての能力も人間性も、この3つの財産を有効に活用できたことで養われたのです。具体的な活用法は次章以下で述べていきますが、その３つの財産を磨くことの大切さを、ここでは理解しておきましょう。

この「時間」と「ことば」と「こころ」を財産と考えている人は意外にも少ないのです。私たちの多くは、財産と言えば、お金とか不動産とか貴金属とかを連想してしまいます。ところが人間には、金銭で換算できない貴重な財産を有していることを忘れてはなりません。それが「時間」「ことば」「こころ」であり、それぞれが人間の成長にとって欠かせない財産なのです。

ですから、この３つのどれかひとつでも上手に使う人は、そうでない人に比べて、いい人生を送れる確率が非常に高くなるのです。私は成功した人を見る時、この３つの財産をどう活用してきたかに注目することにしています。

時間を使う3つのコツ

私はサラリーマンを20年経験した後に独立した人間ですから、私と同様の経験を持つ方の存在を知ると、その方の時間の使い方に注目することにしています。

私が日経に入社して最初に購入した本は、『生活に役立つ心理学』（ダイヤモンド社・松本順著）でした。著者の松本氏は、１９４１（昭和16）年に東大経済学部を卒業と同時に軍隊に入り、南方を転戦。戦後、中部経済新聞社の新聞記者を経て、１９６１（昭和36）年に経営心理学研究所を設立。経営者・社員教育に従事した方です。

私と同じく大学卒業後の20年目に独立された方だけに、同氏の著書を通じて、時間をどう使われたかを学びました。

その要諦は、いい条件反射の形成で、それには３つのコツ（葛藤がないこと・集中していること・工夫していること）が必要であるとするものでした。どれも時間の使い方がポイントになるもので、私の能力を磨く上でとてもヒントになりました。

赤いポストが待っている！

次に、「ことば」の活用で、その道の第一人者になられ、去る２０２３（令和５）年３月14日に惜しまれながら亡くなられた坂田成美《さかたなるみ》氏について、以下に触れてみましょう。

私は『月刊致知』に次のような一文を書きました。これには多くの読者の方からの反響がありました。

いまから39年前の１９８４年（昭和59年）、私は広島市の某企業主催の講演会に招かれました。主催者から、

「田中さんの前に30分だけ坂田成美（その後「道信」に改名された）さんが話されますのでよろしく」

と言われました。私は全く存じ上げない方でしたので、後ろの席で拝聴することにしました。坂田さんの話は次のように始まりました。

「私は百姓です。そして大工の手伝いもしています。広島県の田舎に住んでおり、貧乏です。私のいま身につけているパンツから背広に至るまで、全部、人さまからいただいたものです。自分で買った記憶はございません。なぜでしょうか。それは私が、複写ハガキに命を懸けてきたからです。今日はその話をさせていただきます」

坂田さんは、この十年間で複写ハガキを一万七千通も書いてこられたそうです。

その複写はがきを通して多くの人との交流ができ、生活に必要なすべてのものを、誰かしらが、提供してくださるといった人間関係を築くことができたというのです。

私は坂田さんのお話に感動しました。そしてこの坂田さんの存在を多くの方に知ってほしいと思いました。そこで、『赤いポストが待っている』（ぱるす出版・現在絶版）という本を執筆しました。

そのこともきっかけの一つとなり、坂田さんは次第に全国にその存在を知られるようになっていかれたのでした。（中略）
自分の信じるオンリーワンの小さな道を歩み続けることで、人生は開ける――。
そのことを坂田さんは、ご自身の五十年のハガキ人生を通して、私たちに強烈に示してくださっているのです。
（『月刊致知』「人生百年時代を生きる心得」２０２３年８月号）

坂田さんは、「ことば」の財産を、複写はがきという通信手段を駆使して、全国に人脈を形成していかれ、ご自身のビジネスに活かしていかれたのです。

心構えは能力

３つ目の「こころ」についてですが、この「こころ」を財産と受け止めている人が、これまた少ないのです。私は先の松本氏と同じく、社会人になってから心理学に興味を抱いていたころから、「こころ」の姿勢である心構え（心理学では心的態度）は能力であり、この心構えを鍛えることで人生が好転することを、早い時期に知りました。
そのことについては、最終章で詳しく説明してまいります。

5　3つの平等な財産の関係性とその活用

稲盛和夫氏の方程式

人間の能力をどう磨くかを考える場合、人それぞれ自分なりの独自の方程式を持っているものです。有名なところでは、京セラの創業者・稲盛和夫氏の次の方程式です。

人生・仕事の結果＝考え方×熱意×能力

この方程式について、稲盛氏はこう説明しています。

人生や仕事の結果は、考え方と熱意と能力の三つの要素の掛け算で決まります。このうち能力と熱意は、それぞれ零点から百点まであり、これが積で掛かるので、能力を鼻にかけて努力を怠った人よりは、自分には普通の能力しかないと思って誰よりも努力した人の方が、はるかにすばらしい結果を残すことができます。これに考え方が掛かります。

考え方とは生きる姿勢でありマイナス百点からプラス百店まであります。考え方次第で人生や仕事の結果は百八十度変わってくるのです。そこで能力や熱意と共に、人間としての正しい考え方をもつことが何よりも大切になるのです。

（『京セラフィロソフィー』サンマーク出版）

稲盛氏の方程式は、経営者をはじめ人生を真剣に生きている人々に、多くの示唆と希望を与えました。良い習慣を身につけていく点で、掛け算で表現することの素晴らしさを気づかせてくれました。

そこで3つの財産をそれぞれ十分に活かすために、頭の中で正三角形を描き、底辺が「心構えの有効活用」、右側の一辺が「時間の有効活用で形成される専門力」、左側の一辺が「言葉の有効活用で形成される対人力」と位置づけし、しかも「心構え」は機関車、「専門力」と「対人力」は客車と考えることにしました。

つまり、心構えの有効活用を怠ると、せっかくの専門力も対人力も十分に活かされないことになるからです。

このことは、稲盛氏が考え方次第で人生や仕事の結果が１８０度変わると説明しておられる通り、心構えの活用を間違えますと、人間の能力もまた間違った方向で働くことになるのです。

当たり前のことをやれ！

稲盛氏は私より4歳先輩ですから、氏と私はほぼ同時代に生きたことになります。稲盛氏は就職して4年目に独立した起業家だけに、経済的にはもちろん精神的にも並大抵の苦労ではなかったと思います。そうした状況を知ったこともあり、独立した私は、稲盛氏の言動にはいつも関心を寄せていました。

氏の信条は、

「今日一日を一所懸命に生き、正々堂々と人間として正しい道を貫いていけば、運命は開けてくる」

というものでした。先の『京セラフィロソフィー』でも、次のように述べています。

自分の心、精神というものをつくっていくことによって、また変えていくことによって、思い通りに書いた脚本で、思い通りの主人公を演じることもできるのです。人生というのは、自分の描き方ひとつです。ボケッとして生きた人と、ど真剣に生きた人とでは、脚本の内容はまるで違ってきます。自分というものを大事にし、一日一日、一瞬一瞬をど真剣に生きていくことによって、人生はガラッと変わっていくのです。

こうした心の在り方をしっかり持つことの大切さを、現代人はあまり重要視しなくなりました。稲盛氏が経営破綻した日本航空に再建のために乗り込んだ時、それまでの古い幹部は、稲盛氏の説く考え方の大切さを、

「そんな当たり前のこと」

と軽視したそうです。それに対して稲盛氏は、

「その当たり前のことを君たちはやっていないではないか」

と厳しく叱責されたと聞きました。

今の大企業の幹部も一般社員も、そういう受け止め方をする人のほうがほとんどです。それは、戦後の教育では、心の教育を全くと言っていいほどしてこなかったからです。その影響が、日本の30年に及ぶ停滞につながっているのだと思います。

ですから、「時間」「ことば」「こころ」の財産の有効活用でも、「こころ」の活用を最も

重視していかなければならないというのが、私の今の気持ちです。

しかし機関車だけ走らせても、客車がついてこなければ列車としては役に立ちませんから、まずは、

「時間の活用で形成される専門力」

と、

「ことばの活用で形成される対人力」

について検討していきます。このことについても、学校教育で触れない部分が相当ありますので、その点を留意してほしいのです。

時間をどう使うか、その活用法に通じないで、自分勝手な生き方をした人と、その反対にフルに時間を有効活用した人とでは、長い人生の後半で大きな差ができてしまうものです。そのことは、88歳になった私が生き証人として証言できます。

私の高校・大学・日経時代に付き合ってきた仲間たちを見ていると、時間を有効に活用した人は意外にも少ないように感じます。

それは組織の約束事に従った生き方をするだけで、その間、自分を活かすことに時間を使わなかった人が多いからです。

自分の将来を展望しながら、それなりに時間を工夫することが許されなかった時代だったと言う人もいますが、私はそうは思いません。

現に数は少ないのですが、私の世代でも、人生の後半で活躍している人はいますし、そういう人は、やはり時間の使い方が人とは違っていました。その具体的なことは次章で述べてみたいと思います。

「ことば」の使い方についても同様です。「ことば」を意識的に有効活用している人は、先の「時間」活用よりもさらに少ないように感じています。その点についても第４章でふれていきたいと思います。

第３章

時間の有効活用による専門力の形成

1　自分の得手開発に時間の集中投下

スピーチ能力を自認した中学時代

人間は先天的にしろ後天的にしろ、何か人様よりも少し秀でた特性を持っているものです。私の場合は、人にやる気を起こさせる話をするのが上手と言われてきました。

そのことを意識したのは、中学3年の運動会の時でした。私は生徒会長でしたから、校長先生のあいさつに続いて、私も簡単なあいさつをしました。終わって席に着いた時、隣に座っていた女性の体育の先生が、

「私は田中君の話を聴くのが大好きなの。あなたの話は校長先生より面白いし、ためになる。今日の話もよかったよ」

と耳元でささやいてくれたのです。

先生は私を励ますために言ってくれたのでしょう。しかし、いつも人前で話すことに自

信を持てずにいた私にとって、この先生の一言は大きな勇気づけになりました。

それ以来、私は人前で話すことが嫌でなくなり、自分の意見を堂々と言えるようになりました。それ以後の生徒会長としての6か月は、どんな会議や大会でも、参加者のために役立つ話を心掛けながら、人前で話す場数を踏んでいきました。

そんな経験を積んでいたことから、高校入学直後、全新入生を代表してあいさつをさせられましたが、その時も落ち着いて言いたいことをはっきりと言えました。

この時のあいさつが新入生の間で評判になり、生徒会の副会長に推される結果となり、それが2年生の時の選挙で生徒会長に選ばれることにつながりました。したがって、私の高校生活は、生徒会での活動を抜きにしては語れないほど、生徒会に時間を割かざるを得ませんでした。

そのために大学受験準備の勉強時間が少なくなり、学力の伸びが思わしくなく、大学入試では苦労しましたが、今になって考えると、この高校生活で全校生徒の前で話す経験をたびたび持てたことが、現在の講演活動に活かされているのですから、私は後天的に自分の得手を手にできたことになり、今は当時の仲間に感謝の気持ちを抱いています。

磨きがかかった日経時代

その後、私は大学時代も日経に入社してからも、人前で話すことには躊躇することがなかったことから、いつの間にか、

「話力のある人間」

との評判を手にするようになっていきました。この経験から、得手開発には意識的にも無意識的にも、ある程度の時間投入が必要なことを痛感したのです。

私が日経に入社した時には、将来独立することを視野に入れていたと先述しましたが、そのことを明確に、しかも具体的に意識することになったのは、入社10年目に日経マグロウヒル社（現日経BP社）に出向し、アメリカの情報に接し、向こうでは人にやる気を誘うモチベーショナルスピーカーという職業が高く評価されていることを知った時でした。

しかもその職業についている人たちは、教師・牧師・トップセールスマンなど話力を活かす職業人であることがわかり、それなら私もその仲間入りができるのではと思ったのです。

日経時代の前半の10年間は、新聞販売店の従業員教育に対して、私も自発的に加担し、

店員会で数多くの講話をさせてもらいました。集合教育では、５００人前後の従業員を前に、彼らがやる気を起こしてくれるように熱誠講演をしたものです。

また労働組合活動でも、職場委員として、また中央執行委員として、社内の会合や外部の新聞労連の大会でも、組合員の士気を高める話をし、仲間たちに喜ばれました。

日経後半の10年間は、日経マグロウヒル社で、社員・営業マン・アルバイトを対象とした集合教育で、いつも独自の持論を展開し、情熱的に話しかけていきました。

こうしたことが評判になって、日経本社の人事部からの要請で、新入社員教育や日経関連会社の従業員教育でも講話の機会をたびたび与えられました。

とにかく、

「やる気の出る話なら田中がいい」

との評価を得たことで、私は社内外で当初は予期しなかったような講演をすることになり、この経験が私の独立への自信になっていきました。

つまりは日経の20年間で、幸いにもモチベーショナルスピーカーの経験をたっぷり積んだことで、講演のプロとして生きる見通しがはっきりしてきたのです。このことからも、プロになるためには、その前の段階で、できるだけ場数を踏む機会を作ることに労を惜しんではならないということになります。

ゆとりのある地方が大谷を育てた

とかく最近の傾向は、「短期完成」を目標にしたプロジェクトが盛んですが、個人の能力を高めていく際に、短期目標をベースにしたやり方は、本当の実力を養う点では危険です。あくまでマイペースで、自分の気持ちに合った方法で、じっくりと力をつけていくことが、後々のためにも有効だと思います。

その点、大谷は理解のある両親に恵まれながら、じっくりと野球の実力を磨いていきました。小学校時代から中学校時代にかけて、岩手県奥州市という地方の穏やかな雰囲気の中で、あせることなく自由にのびのびと過ごせたことが、彼のためには非常によかったのだと思います。

体の体格も筋肉も成長段階の時に、無理をしてあれこれ体や精神に負荷をかけなかったことが、本人の本来持つ野球選手としての可能性の芽を損なわずに済んだのです。またそのことをコーチ役の父親も、相談役の役割を担う母親も十分に理解していたことが、大谷にとってはラッキーなことでした。

大谷ほどの才能に恵まれた子供がいると、どうしても周囲の大人たちは早くから期待し、せっかくの可能性の芽を摘んでしまうものですが、そうならなくて済んだのは、天の配剤と言ってもいいでしょう。

2　大谷翔平の生き方に見る努力の方向

寝ても覚めても野球

大谷は、努力することに時間を集中的に活用する天才だと思います。

彼は1994（平成6）年に東北の奥州市で生まれました。先述した通り、両親は共に実業団のスポーツチームで活躍した選手でした。その両親の素質を受け継いで、彼は小学校3年生前後から野球を始めていますが、それは6歳年上の兄が野球をやっていたからで、その練習振りを見て、

「自分もやりたい」
と父に言い、以来今日まで好きな野球に打ち込む人生を送っているのです。父親も早速、大谷のリトルリーグのチームのコーチを引き受けています。その親の献身振りには頭が下がります。

彼は6年生の時、すでに身長が167㎝もあり、同学年の子供の平均より20㎝も高く、投げる球のスピードは120㎞／h、打っては柵越えのホームランをといった、その頃から規格外の力を持っていた野球少年で、野球だけに絞っていたようです。

友達がゲーム機に夢中になっていても、彼はそうした遊びには全く興味を示さず、とにかく寝ても覚めても野球・野球と、野球に打ち込む日々を送ったのです。

菊池雄星選手に憧れて

彼の育った岩手県は高校野球の強い県ではなく、これまでの春夏の甲子園大会で優勝した高校はないのです。ところが、花巻東高校の野球部に菊池雄星選手（西武ライオンズ→トロント・ブルージェイズ）が現れ、甲子園で春夏の大会で大活躍、その結果、同高校は東北の野球名門校に躍り出ることになり、この3年先輩の菊池選手に憧れた大谷は、花巻東高校に進学したのです。

大谷は、常に自分より優れた選手や、その選手がいた環境に身を置くことで、少しでも目指す選手から学びたいとする意欲が強く、そのことから菊池選手の後を追ったのです。

大谷は高校2年生の時に花巻東高校の学校案内パンフレットに、こう綴っています。

僕が中学3年生の時に見た光景がある。岩手県の人が熱狂して岩手のチームを応援していた事、高校野球で岩手が一つになっていた事、その花巻東には世界を巻き込み日本中を騒がせたすごい男がいた。だから、僕も雄星さんのように尊敬される選手になりたい。愛されるプロ野球選手になりたい

佐々木監督との出会い

このように大谷が花巻東高校を選んだのは正解でした。そこに菊池選手を育てた野球部の佐々木洋監督がいたことが、後々の大谷の成長につながったからです。

同監督は大谷の出身地・奥州市の隣の北上市の県立黒沢尻北高校から国士舘大学に進学し、卒業後は横浜隼人高校野球部コーチとなり、２０００（平成12）年に花巻東高校の教

師として赴任。2002年に野球部監督となり、3年後の2005年夏に初の甲子園出場を果たしました。そして2009年には菊池雄星選手を擁し、春は準決勝、夏はベスト4に進出しました。

しかし2011（平成23）年3月11日の東日本大震災が発生、その時、チームメートの実家も災難にあったりして、監督としてはそうした選手に寄り添いながら指導しなければならず、十分な力を発揮することができなかったのではないでしょうか。

それでも佐々木監督の指導力を高く評価する関係者が多くいます。大谷に関する情報を収集していく過程で、そのことを強く感じます。同監督の趣味は盆栽ですが、その盆栽で樹木を育てながら人材育成の神髄を会得していっているように思われます。

花巻高校野球部のトレーニング室に、様々な箴言《しんげん》が掲げられていますが、それを見ると、監督の人間性が垣間見えてきます。その幾つかを次に紹介しておきます。

「古代ローマにこんな格言がある。のろのろ歩く人と暮らしていると、自分までがのろのろ歩くようになる。」

「徳のある人を見たら、その人に並ぶことを目指せ、徳なき人を見たら、我が身を振り返り、自省せよ。」

「がんばる習慣より、なまける習慣はすぐ身につく。

　下積みをしているときは不幸かもしれない、しかしそれに耐えられない者は幸福を見ることはない。」

「人生をどう管理し、一瞬一瞬をどう行動し、どんな言葉を口にし、どんな行動をするかで結果が決まる。世の中には良いと分かっていることも意外と行動に移す人が少ない。」

試練を乗り越えて

ところで、東日本大震災の時、大谷は高校2年生になる直前でした。2年生になった時の夏に甲子園大会に出場したものの、ケガのため1回戦で敗れました。続いて翌年の春の大会でも1回戦で敗退しました。そして、その年の夏の県大会では決勝戦で敗れ、ついに甲子園で勝利をするチャンスを逃しました。

　彼にとっては、東日本大震災と共に、甲子園で十分に活躍できなかったことは大きな試練になりましたが、この時に経験した苦労や挫折感は、その後の成長に大いに役立ったに違いありません。

佐々木監督も、そのことについて、こう語っています。

人は成功体験があると、なかなかその成功体験から抜け出せないことがあるものです。花巻東高校としては悔しさを味わい、本当の意味での喜びを分かち合うことができませんでしたが、負けて傷つき、勝てずに苦労した経験は、彼の人生を考えればプラスになったと思っています」（『道ひらく、海わたる』（扶桑社文庫より）

3「一専」そして「多能」の生き方に意識を向ける

人様の役に立つ能力を磨く

世の中は、お互いが持っている得意な機能を活用しながら生きる仕組みになってきています。このことを私は「得意機能相互活用社会の到来」と言ってきました。

ネット社会が出現し、頼みたい仕事をやってくれる人を探すことが容易になったことで、何か人の役に立つ専門の仕事を有する人は、ネット上で自分の存在を知らせておけば、仕事が手にできる仕組みが最近は次第に広がりつつあります。

我が家ではエアコンや浴室・トイレなどの徹底したクリーニングを年1回定期的に業者に依頼して行っていますが、そうした仕事をネットで引き受ける業者は年々増えてきています。それだけ住居の清掃を外部に頼む家庭が増えているからでしょう。

このように、時代が進むにしたがって、自分の苦手な仕事は、それが得意な人（会社）に依頼するという相互機能活用社会が実現してきているのです。

この傾向をいち早く察知して、人様に活用してもらえる自分の得意機能で、ビジネスになる仕事は何かを知り、それに早めに備えていくことが必要になってきました。

私はその必要性を独立以来サラリーマンの皆さんにずっと訴えてきたのですが、90年代までは残念ながら耳を貸す人はあまりいませんでした。定年まで働けば、後は年金・退職金で暮らすから、そんなことは自分には関係ないといった感じでした。

しかし2000年代になると、多くの人が定年後も仕事をしなければならないと気づくようになり、私の提言を聴こうとする姿勢が出てきました。特に40代以下の若い世代の人々が強い関心を示すようになりました。

所属価値から存在価値へ

このことは、2016（平成28）年にリンダ・グラットン氏の『100年時代の人生戦略』（東洋経済新報社）が発刊されたこと、企業側が副業を認めるようになったこと、さらにコロナ禍で在宅勤務を余儀なくされたことなどが手伝って、自分の得手を磨くことを真剣に考える時間と環境ができたことが、大きな要因になったと言えるでしょう。

日本のサラリーマンは長い間、年功序列・終身雇用制度に守られて、いったん就職したら、そこで定年まで勤め、その後は余生という生き方に馴染んできたことで、すっかり勤め人根性が身についてしまいました。

私はそれを、

「所属価値に生きる」

と表現し、その生き方ではこれから人生は全うできなくなるので、所属価値で生きている間に、自分の専門力を磨き、

「『存在価値で生きる』準備をしていきましょう」

と言ってきました。すなわち、

「所属価値から存在価値へ」

の生き方の変革が求められてきているので、それに備えるということです。

この生き方変革に気づいた人は、サラリーマンの時代から「絶えざる自己革新」を積み重ね、定年までには何かのプロフェッショナルになる努力をしています。

専門は一つでいい

サラリーマンからプロに転じた人たちは、過去にも現在もたくさんいます。そうした諸先輩の生き方に学ぶことで、自分の第二の人生の準備に資することも大切です。

私は日経マグロウヒル社時代、夜のビジネス研究会によく参加し、他社の人たちと一緒に勉強したものです。ダイヤモンド社出版部長から独立された桑名一央氏（1981年没）や、三井東圧化学（現三井化学）教育部長から独立された鶴巻敏夫氏（1983年没）は、共に著述家として活躍されると同時に、勉強会も主催されていたことから、私も会員となって両氏と親しく接し、専門力を磨く機会を手にしました。

特に鶴巻氏からは、

「サラリーマンとして20年懸命に働いたら、いつ独立しても構わない。私は25年で辞めたが遅かった。あと5年早ければよかった。田中さんは20年間しっかり勤めたのだから、それで充分」

と、独立する私を励ましてくださいました。

この言葉は、私のスタートダッシュを促す力強いパワーになりました。

こうしてサラリーマンからプロに転ずる時には、自分の専門をしっかりと身につけておかねばなりません。その際、専門は一つに絞って磨くことが肝要です。「一専多能」の言葉は、専門形成が先であり、多能形成は後でいいと理解することです。

これを逆にして、あれもこれもと手を広げすぎると、専門力がオンリーワンの域まで達せずに、他者と勝負しなければなりません。そうなると自分に自信が持てず、スタートで躓きやすくなるものです。

私はモチベーショナルスピーチを武器に、かなりの他流試合を試みましたが、だれにも負けたことがありませんでした。こうなれたのは、私がモチベーションを高める話に絞り切って、これで勝負すると決めた結果だったのです。

一つの専門で他者と勝負して負けないと十二分にわかってから、多能の力を磨けばいいのです。私の場合、講演に加えて執筆も行っていますが、執筆を本格的にスタートしたのは独立して3年後のことでした。それまでは講演に打ち込み、これでやっていけるとなってから、執筆に時間を割くようにしました。

幸いに、この先行した3年間の講演活動で、様々な学びの実体験と読書を重ねることができたことで、執筆のための情報をたっぷり蓄えられたのです。

栗山英樹監督の慧眼

一方、大谷は、小学校時代から二刀流の選手でしたから、二刀流が彼本来の専門力になります。日ハムの栗山監督はスカウトをかける最初から、大谷を二刀流の選手としてとらえ、このまれな能力をどう育てるかに意識を一点集中していたと言われています。

その点で大谷は実に運のいい男です。いい監督と出逢えました。そのことは、天が彼を成功へと導いたと言えるでしょう。

4 中途半端な生き方がいちばん損!

とうの昔に終わっている年金と退職金に頼る時代

これからは「得意機能相互活用社会」になると先に申しました。この言葉は私の造語です。これを初めて世に紹介したのは46年前の1978（昭和53）年6月刊行の『専門雑誌の販売徹底研究』（出版研究所・絶版）で、こう書いています。

私の手元にロサンゼルス市の職業別電話帳がある。この電話帳の職業索引は15000項目ある。参考までに、東京の職業別電話帳の索引項目は2800で、ロスの5分の1である。ロスの人口は30万人、東京の4分の1しかないのだから、この索引がいかにきめこまかく、利用者に便利なようにできているかがわかる。

この1冊の電話帳の比較からだけでも、米国では検索システムがゆきとどいていること、そして職業が機能別に分かれ、それを社会の人が活用できるように記録としても整理されているかがよくわかる。

米国は、ある意味では〝検索文化〟社会、そして〝機能有効活用〟社会とも言えるのではないかと思う。米国では、たとえ素人でも、その気になれば、専門の機能をフルに活用できるシステムができている。

この一文は53年前のものです。その後はパソコン・スマホの発展によって、世界中に検索文化が浸透していき、今や50年前のアメリカの検索文化がどの国にも出現しています。それを考えると、この50年間の検索文化の普及の度合いは、すさまじいものがあったと言えます。

さて検索文化が世の中に浸透すればするほど、個人の生き方が問われるようになります。すなわち検索で出てくる独自の存在価値を、誰もが身につける必要が出てきました。

サラリーマンが定年後、年金と退職金だけに頼る時代はとっくに終わりました。これからは65歳で定年になってから、100歳まで生きる時代が刻々と近づいているのですから、定年後の35年を活き活き生きるには、どうしても自分の得手を武器にして、好きな仕事をする必要があります。

そのことを本気で考えてほしいのです。

かつて私は某出版社の依頼を受けて、サラリーマン独立準備夜間セミナーを2年間にわたって開催したことがあります。ここに参加された方々は、今では定年を迎えられた後、ご自分の得意とする腕（資格）を活かして、終身現役の道を活き活きと歩み続けておられます。

私は会計事務所が主催する経済セミナーにも招かれることもありましたので、税理士や公認会計士の諸先生とも親しくさせていただいていますが、その中には、かつて会計事務所のスタッフとして働きながら税理士試験に挑戦され、見事に資格を得て独立された先生もおられます。

そういう先生が言われるには、税理士の資格取得には早くて5年、平均10年は必要ということでした。

ところが、なんと30年もかけてやっと取得したという方がおられたのにはびっくりしました。その方は、以前は普通のサラリーマンの方で、30歳の時に思い立って税理士試験に挑戦されたそうです。それから無理をしないで、5科目の受験科目をひとつ、またひとつ合格し、定年直前に全科目を取得でき、定年後、自宅で開業されています。

一点集中・こつこつ

こうして何かの専門力を身につける場合は、やはり〈一点集中・こつこつ〉の原則で立ち向かうことが必至だと思いますが、そのロングランの努力を支えるものは、じぶんの明確な目標を抱き続けることです。

先の30年間も税理士試験に挑み続けた人は、定年後は必ず税理士事務所を持てる人間になりたいとの強い願望があったからこそ、長い年月の努力を持続できたのだと思います。

私の場合で言えば、日経マグロウヒル社の10年間がそうでした。将来は必ずモチベーショナルスピーカーになって、広い社会で活躍したいとの望みを片時も忘れませんでした。そして週末の時間・夜間を活用して、デール・カーネギー教室や話力研究所の全講座など話力を磨く機会をつかみ、またその助手を務めながら、常に話力向上を図り、それを社内外の研修会やセミナーなどで活用する日々を送りました。

その間、社内のゴフルコンペや飲み会の集いにはたびたび欠席することから、職場の仲間たちからは変に思われたりしましたが、そんな時は私の将来像を心に描きながら我慢したものです。

大谷を支えた3つの目標

大谷も、高校卒業前後は日米のスカウトからも声がかかるようになり、そうした関係者の情報を受け止めながら、次第に3つの目標、すなわち、

①アメリカのメジャーのトップに行きたい。

②長く野球を続けたい。

③他人がしたことのないことをやりたい。

ということを心に描くようになっていったといいます。

こうした大きな目標があったことによって、ベーブ・ルース以来100年間も誰もやったことのない二刀流の選手を目指して、誰が何と言おうと頑張り通しているのだと思います。

逆に、あれもチョボチョボ、これもチョボチョボと何事も中途半端で終わってしまう人は、せっかくの貴重な時間を有効活用できないままに終わるのです。

私がサラリーマンの時、帰途につき自宅の近くの駅についても、そのまま家に直行せず、

駅前の飲み屋に立ち寄って帰る人々が結構いたのを目にしたものです。

「どうして彼らはあんな行動にでるのだろう」

と不思議に思ったものですが、それは人生を中途半端に生きる人たちの姿であったのだと、今は理解できるのですが、もったいない話です。

5 「レストラン花の木」の存在価値に学ぶ

年中無休のレストラン

「一点集中、コツコツ」

という言葉を口にするたびに、心に浮かぶレストランがあります。それは熊本市の郊外・陸上自衛隊健軍駐屯地のほんの近くにある店「花の木」です。（熊本市東区尾ノ上4－1－21　TEL　096－369－8402）

この店を知ったのは、たまたま駐屯地の目の前にある某会館で私の講演会が催された時、開始時刻まで少し間があったことから周辺を散歩し、偶然にこのレストランに立ち寄ったのがきっかけでした。

それは今から40年ほど前のことで、当時はご夫妻だけで経営しておられ、開業は私の独立より3〜4年早かったと記憶しています(現在はご子息もご両親と一緒に働いておられます)。

ご主人は今年80歳になられますが、料理とレストラン経営に命を懸けてこられましたから、見た目よりも若く感じられます。

事業主としては私よりも先輩のご主人とは、初対面から気が合いました。それは、私が商売の秘訣として、いつも講演で主張している、

「年中無休・終身現役・オンリーワンの存在価値を活かす」

ということを、すでに実行しておられたからです。

この店は開業以来、「年中無休」を武器に、扱う料理は、ハヤシライス・カレーライス・特選ハンバーグ、そしてケーキ・コーヒーに特化し、これらの料理作りにご主人は全身全霊を傾けておられ、それぞれを独特の料理に仕上げておられます。

ハヤシライスは8日間かけて作っているということで1日10食限定で注文してから15分

～20分はかかります。カレーライスも5日間かけており、その味は抜群です。ハンバーグは、ご主人と親しい食肉会社の社長の紹介で、熊本県産の最高級のサーロインを使用しており、これもまた1日30食の限定メニューです。

ケーキは、朝4時半から材料を贅沢に使用され、この店独特の素晴らしい食感の作品に仕上げ、ケーキ通も驚くほどの、どこにもない美味しさです。

私は40年前にこの店を発見して以来、熊本市の講演に出向く際には、必ずお店にお邪魔して、ご主人の手製による、これらのオンリーワンの貴重な存在価値を持つ料理を堪能させてもらっています。

このお店は、昭和の時代はお客様の紹介によって集客がなされていましたが、昨今は食べロクなどSNSの情報提供が一般的になったこともあり、今では九州はもちろん、全国から評判を聞いての来店客が増えています。そのことを考慮すると、SNSは独自の存在価値を築いた人にとっては、大きな味方になる社会的なシステムです。

このレストランが繁盛している状況を、私のファンの方々からのメールやブログで知ることは、私のひそかな楽しみです。

そのことは私だけでなく、ご主人が約50年間も奥様と共に年中無休で頑張られ、今日の繁栄を築かれたこと知っているお店のお客様にとっても、共通の楽しみだと思います。

地震もコロナも物ともせず

私は、ご夫妻が、バブル景気後の不況期も、熊本地震の後も、コロナ禍の最中も、一貫して年中無休の経営を継続してこられたことに、心から感銘を覚えるものです。

ご夫妻は、大きな組織に頼るわけでもなく、また繁華街という地理的条件に恵まれているわけでもなく、只々、お客様のために誠心誠意、早朝から夜まで頑張ってこられました。そのことを世間の皆様はちゃんと見ておられ、静かにお店を支持してこられたのです。

私は図らずもこのお店の創業間もなくから、ずっと見せてもらってきただけに、弱者が強者の間《はざま》で生き抜いていくには、どうあらねばならぬかを、教えてもらったような気がします。

私自身も大組織で働いていた身分を捨てて、独立に賭けた人間ですから、弱者の1人です。大組織を離れた人間は、組織の庇護を受けることができませんが、お客様のご支持を受けることは可能です。ただしお客様はご自分のことは棚に上げ、取引先には厳しい注文をしてくるものです。お客様とは元々そういうものなのです。

ですから商売（ビジネス）に就いた以上、お客様の厳しい注文に応じていくことを覚悟すべきです。それを最初から自分の都合を優先していては、お客様は離れていくばかりです。この冷厳な事実を受け入れなければなりません。

本物の経営者とは

稲盛和夫氏が京セラを立ち上げられた時、お客様から示された納期を守るために、社員と共に会社に寝泊まりしながら、懸命に頑張られたというケースを知った時、どんな経営者もこうした苦労を重ねてこそ、本物になることを強烈に悟りました。

88歳になった私は、時折、独立した頃のことを思い出すことがあります。一番懐かしいのは、すべて顧客志向に徹し、私情を抑えて、

「おれがおれがの我を抑え、おかげおかげの下で生きよ」

と自分に言い聞かせて過ごした独立後10年間の日々です。

独立した時、我が家の娘は中学3年生、息子は小学6年生で、共に進学の時期を控えていましたが、私は何も具体的な指導はしてやれませんでした。すべては家内と義母（家内の母）に任せ、私は日々の仕事に夢中で打ち込むだけで精一杯でした。

しかし4人の家族は、私の背中を見ながら、いつも応援してくれました。そのことは、必死に働くレストラン花の木のご夫妻を、お客様が黙って支持してくださっていることと相通じるものがあり、そのことで私も大いに勇気をもらったものでした。

第４章

ことばの有効活用で形成する対人力

1 ことばには「言語」と「非言語」がある

表情・声・動作・姿

私たちが使う言葉には言語（バーバルコミュニケーション）と非言語（ノンバーバルコミュニケーション）の2種類があります。さらに前者の言語には、「話しことば」と「読みことば」と「書きことば」の3つがあります。この3つについては、学校の国語の時間に学び、家庭でも両親を通じて、それなりに学んできたものです。

ところが、後者の非言語は、これまでの国語教育では重視してこなかったこともあり、私たちは非言語については、あまり関心を寄せてきませんでした。

非言語とは、言語以外の表情・声・動作・姿勢などです。近年は海外との交流が盛んになり、普通の人でも外国人との対話の機会も増えてきたことで、この非言語の重要性が高まってきています。

アメリカの心理学者アルバート・メラビアンは、1971（昭和46）年に、話し手が聴き手に与える影響を、視覚情報55％、聴覚情報38％、言語情報7％と数値化した論文を発表し、言語学関係者に衝撃を与えました。

この数値は、言語以外が93％と大きな割合になっています。すなわち非言語のほうが、言語よりも圧倒的に影響力が大きいことを示しているのです。

たとえば感謝の気持ちを伝える場合、

「ありがとう」

の言葉は当然ですが、それ以上に感謝の意を示す表情・動作・姿勢、感謝を表す品物などがあってこそ、相手によく伝わるものです。

このことは、私たちも理屈としては十二分にわかっていますが、実際のコミュニケーションで、そのように非言語を適宜に活用しているかとなれば、どうでしょうか。特に日本人は他の民族と比較して、しぐさによる感情表現が乏しいと言われています。

日本人の慎み深さや羞恥心が手伝って、非言語を使うのが苦手なのだと思います。その点、欧米人は非言語の使い方が私たち日本人よりも上手ですし、慣れています。

言語を補う非言語

そのことを痛感したのは、私が今から50年前の38歳の時に受講したデール・カーネギー英語コースでのことでした。そのクラスの半数は日本人、残りが日本駐在の欧米人という人員構成でした。

インストラクターが与える課題に対して、クラスのメンバーがそれぞれ意見を述べる訓練の時、日本人の多くは、言語だけの表現で行うのに対して、欧米人は盛んにジェスチャーを併用して表現していました。

私は、デール・カーネギー・コースに参加する前に、当時の同コース日本代表であった望月幸長氏に直接お会いして、コース参加の相談をし、その時に購入した望月氏の翻訳による『デール・カーネギーへの道』（ダイヤモンド社）も精読していたので、カーネギーの教室では非言語を多用していいこと、むしろ情熱的に話すには、身体全体を使った表現方法が求められると、事前に分かっていました。

そこで私は日本人のメンバーでは珍しく非言語を使った話し方に終始し、私の英語での表現力の未熟さを補っていきました。この表現法が欧米人のクラスメイトには大うけで、

第1回のスピーチコンテストで、何と18人中で私が1位に選ばれました。

これには、私が一番驚きました。しかしよく考えると、先のアルバート・メラビアンの指摘のごとく、私の表情・動作・姿勢の非言語による表現が、外国人にもよく理解してもらえたのだと思うのです。その彼らの気持ちが私のスピーチの評価につながったのです。

当時の私は日経マグロウヒル社に出向して4年目で、英語の文献を読むことには慣れていましたが、英語でスピーチをするのは下手で苦手でした。

英語コースを選んだのも、元々は望月氏の強い推薦であり、私の本意ではありませんでした。しかし望月氏は、デール・カーネギー英語コースは、アメリカ本国で使用しているテキストを使い、ニューヨーク本部の認定を受けたインストラクターがすべて英語で指導するので、英語の勉強にもなるとの説明があり、それではと勇気を出して参加したのでした。

それだけに第1回のコンテストで1位になれたことは、私の自信になりました。そして12週のコースが終了して、最後に誰を同コースの助手に選ぶかという投票で、私が最多得票を得て、その後の1年間、様々なコースのインストラクター助手として、ボランティアで活動する機会を手にしました。

この経験がまた大変な勉強になりました。毎回毎回、受講生の前でモデルスピーチをする役割を与えられるのです。これが私にとっては試練でしたが、参加者のためにも手を抜くことは許されません。週1回のお務めでしたが、頑張りました。おかげで、英語で人様の前でスピーチすることに苦手意識がなくなりました。

そのことが、マグロウヒル社のニューヨーク本社で行われた役員会での『日経エレクトロニクス』発刊成功の説明会で大いに役立ちました。出席した役員たちから、

「日本独自のユニークな方法を編み出しているのに感心した」

などの賛辞が与えられたことは、今も鮮明に記憶していますが、それだけインパクトのある話ができたのでしょう。

これもデール・カーネギー・コースで非言語の力を十分に体験できたおかげでした。加えて、この経験が、独立してからの講演活動にも非常に役立ちました。それだけに、日本人の私たちは、非言語の威力に早く気づいてほしいと思うのです。

2　大谷翔平は非言語活用の優等生

抜群の応対力

「大谷翔平のコミュニケーション力は素晴らしい」
というのが、プロ野球関係者の定説です。私も彼がテレビのインタビューで話している光景を幾度も見ていますが、その際、彼はインタビュアーの顔を見ながら質問をよく聴き、そして簡潔に答えています。

この短く話すことが対話では大切なことです。それによって話し手と聴き手の人間関係が良好に築かれていくからです。彼がメディアの人たちから好かれるのも、この対話のうまさが関係していると思います。

よく対話はキャッチボールのようにと言われますが、質問に対して的確に答えて、さらに次の質問に快く備えていく態度が持続していくと、その対話の内容は充実したものになり、対話者双方にとって心満たされるものになります。

大谷はそれができる人です。しかも話の中に「えーあー症候群」と言われる「えー」とか「あー」といった無駄な言葉がないのがよく、聴いていて気分が落ち着きます。

どんなにいい内容の話でも「えー」とか「あー」が頻繁に入ってくると、そのことが気になりだして、話をスムーズに聴けなくなるものです。

彼には、そういうマイナスの癖がなく、話が短文主義に徹していることから、もっと聴きたい気持になります。頭がいい人間だなぁと感じてしまいます。

笑顔の力

大谷の言語力は優れていますが、それにもまして非言語が素晴らしいです。

まず笑顔です。彼は笑顔を絶やしません。ベンチに控えている時も、先述したように、塁に出ると塁上で相手の野手と笑顔で声を交わしています。あの光景を目にする人々は、自然に気持ちが和んできます。

私は講演の中では常に笑顔の効用について、次のように述べることにしています。

「笑顔は他人に好感を与えると同時に、自分の心を明るくする効用があります。明るく生きる努力を重ねることは、人生の勝利につながっていくのです」

スポーツ心理学者の児玉光雄氏は大谷に関する本を数冊執筆していますが、その1冊で、次のように述べています。

大谷選手はいつも笑顔でプレーしています。一塁に出塁すると、相手チームの一塁手と楽しそうに談笑しています。野球少年の気持ちを宿してプレーしているから、あれほど凄いパフォーマンスを発揮できるのです。

ポジティブ心理学における第一人者であるバーバラ・フレドリクソン博士は、ポジティビティはおもに10個のポジティブ感情によって構成されていると主張しています。それらは、①喜び、②感謝、③安らぎ、④興味、⑤希望、⑥誇り、⑦愉快、⑧鼓舞、⑨畏敬、⑩愛です。（中略）

笑うことを侮ってはいけません。単純に笑うことにより、ナチュラルキラー（NK）細胞（病原菌やガン細胞を殺して免疫力を高める細胞）を増加させることができます。それだけでなく、笑えば自然に幸福感が心に満たされるのです。

〈笑顔の8つの効果〉を示します。

1　免疫力が高まる。

2　ストレスが緩和される。
3　痛みが緩和される。
4　各種身体症状に効果がある。
5　記憶力が上昇する。
6　幸せになる。
7　考え方がポジティブになる。
8　長生きする。

『大谷翔平から学ぶ成功メソッド』（河出書房新社）

この児玉氏の指摘のように、笑顔の効果はものすごいものがあるのです。大谷の成功の大きな要因に、笑顔が挙げられる理由がよくわかります。

八起五則

私も仕事柄、数多くの経営者と接してきましたが、やはり笑顔の豊富な経営者ほど不思議に事業に成功している率が高いものです。逆に優れた能力を持ちながら、笑顔のない暗い表情の経営者は、社員からも顧客からも好感を抱かれておらず、事業もうまくいっていないケースが多いものです。

「八起会《やおきかい》」という45年間続いている倒産に学ぶ経営者の会があります。ネットで検索しますと、詳しい情報が入手できますが、この会には倒産を防ぐための次のような「八起五則」があります。

「早起き・笑顔・素直・感謝・いい出会い」

この倒産防止の2項目に「笑顔」が掲げられていることに注目してほしいのです。笑顔の乏しい経営者は倒産しやすいという事実から、この項目が五則に入れられたのでしょう。私はこの五則は何も倒産防止だけでなく、私たちの生活を好転させていくためにも必要な条件だと考え、講演でも紹介してきました。

日本人を一つにした大谷の魂の一球

さて、大谷には、プレー中の動作を通して、こちらまで鼓舞させられます。打者として1塁までの全力疾走、塁にでると盗塁を狙って、これまた全力疾走と、彼の動作に目が離せません。

2023年3月22日に行われたWBC決勝戦で日本がアメリカに勝った試合の中継は、

多くの日本人にとって忘れられないものになりました。9回の最後の最後、大谷がトラウト選手を三振に打ち取ったシーンは劇的でした。彼は帽子とグラブを空中に放り投げ、勝利の雄叫びを発しました。

あの場面を見ていた1人の老人が、

「あんなに感激したのは初めてだ!」

とテレビ報道で語っていましたが、確かに日本人の多くが久しぶりに一つとなって応援し、その優勝に喜びを爆発させたのは、久しくなかったことでした。

それもこれも、大谷の大活躍があってのことでしたが、それも彼の劇的な動作・表情が素晴らしかったことが大きな要因になっていたと思います。

3　連絡マメの人間を目指そう

マメさも習慣

現代の資本主義社会で生きていく私たちは、多くの場合、経済的収入を得る必要があります。そのためには、どこかに勤めて給与を手にするなり、自営業として収入を得なければなりません。その時には、直接的か間接的に誰かと対話が条件となります。

よくビジネス社会では、報告・連絡・相談の「ホウレンソウ」の有無が問われますが、これは仕事上における当事者間のコミュニケーションの問題なのです。その点で、上司と部下、先輩と後輩・同僚間、取引先同士で適切な情報が交換されていれば、お互いのコミュニケーションは継続的に良好に保たれていくものです。

私は日経の営業第一線に10年間携わりましたが、その間、上司・先輩・同僚に連絡不足で叱責されたり、注意されたりした経験はほとんどありません。その原因は、私はマメに関係者に口頭かレポートで報告し、会社内の他部局に対してもマメに連絡を取り合うように心がけていたからです。

特に富山県担当の3年間（1964〜1966）は、2年連続の北陸豪雪・オリンピック開催・東海道新幹線開業などによって、新聞輸送上の大きな変革がなされた時期でもあったため、私は日々の動きを報告書に詳細に記して、本社宛に速達で送り続けました。

そのことによって、上層部も現場の状況がよくつかめたようで、担当部長は、

「君の報告書を読むことで、他社の動向もつかめて助かるよ」

と、語ってくれていました。

そうした私のマメな行動が評価されたのか、私の社内での立場も有利になり、何かと他部門からの相談も受けるようになりました。その結果、半年間、社長室に出向して、本来の業務の傍ら、全社の職務分析の仕事にも携わる経験もさせてもらえました。

併せて、組合の中央執行委員として、会社側と団体交渉するメンバーにも加わったことで、全社的な課題解決にも寄与するようになり、中堅社員としての実力を身につけていくことができました。

こうした日経での多面的な活動ができたのは、私のマメなコミュニケーションの習慣が

あったからだと思います。そうした経験が認められたのでしょう、日経入社10年目に起きた日経とマグロウヒル社との共同出資による新たな出版社・日経マグロウヒル社（出資比率：日経が51％、マグロウヒル社が49％）が設立された際、私も関与することになり、販売責任者として新会社に出向することになりました。

この新会社の社員は全員が日経側の社員で構成され、アメリカ側は役員1名だけが担当者として時折来日してきました。

マグロウヒル社は書籍部門と雑誌部門があり、日経は雑誌部門との提携でしから、同社の世界的な経済週刊誌『Businessweek』との協力による経済雑誌『日経ビジネス』を最初に手掛けることになりました。

この雑誌はアメリカでは読者直送の発行形態で、書店売りはしていませんでした。その発行形態を日本でも採用することになり、しかも最初から6万部の発行部数を出し、我が国で最大の経済誌としてスタートすることが両社の話し合いで決まりました。

これは日経にとって合弁契約で行う最初の仕事だけに失敗は許されませんから、販売責任者の私にとっては、大きな負荷のかかる仕事となりました。しかし当時の日経は120万部の部数を発行していましたから、その5％に相当する6万部なら、何とかなるのではないかと、私は内心では受け止めていました。

日頃の良質な人間関係が結実

ところが、最初の段階のアメリカ式のダイレクトメールという販促手段で読者を募った時点では、とても6万部を達成することは無理なことがわかりました。そこで、これは全社を挙げての人海戦術で部数獲得を狙っていくことしかないと決断し、全社員に対して、『日経ビジネス』の読者獲得運動の大キャンペーンを展開していきました。

幸いにも、私が組合の中央執行委員として全職場の職場委員を知っていたことから、社内の全職場を回り、職場会議の場でモチベーショナルスピーチを用いて、新雑誌発行に協力してほしいと説いて回りました。

さらに並行して、社長・役員も積極的に協力してくれたこともあり、このキャンペーンは大成功し、6万部を超える7万部の予約読者を確保することができました。

この時、普段の人間関係がいかに大切か、身をもって体験しました。そして、その人間関係を築くには、日頃からのマメなコミュニケーションを心掛けておくことが大前提になると思い知りました。

私が講演で人的ネットワークを築く法として、いつも提唱しているのは3つのマメです。すなわち、**足マメ**（＝訪問マメ）・**口マメ**（＝電話による対話）・**手マメ**（便りマメ）のことです。これを「3マメ」と称し、私はこれまでの講演の中や拙著の中で繰り返し紹介し、3マメの活用を勧めてきました。

私自身は、日経時代は専ら訪問マメに徹し、何かあった場合は、すぐ当事者のところに飛んでいき、対話を重ねて人間関係を構築していきました。独立してからは、講演で全国をまわる機会が増えていくに従い、足マメの時間が取れなくなったことから、手マメで先方との関係を維持していきました。

独立45年間の前半の約25年は、手紙かハガキによる文通で、後半の20年間はパソコンのメールで交流を心掛けました。

その文通の正式な総数はわかりませんが、45年間でおそらく10万通前後には達していると思います。とにかく毎日毎日手マメを続けてきたことは確かですから。

そのおかげで、私は多くの方々の支持を受け、独立を全うできているのです。

4　何事も即時対応する人に世間の信頼は集まる

即動、速動

前節でマメという言葉を使いましたが、このマメとは、「よく配慮し、勤勉に振舞うさま」と辞書では説明していますが、何か事が起きたら、すぐ行動を起こすこと様子を意味します。

仕事の良くできる人や商売が繁盛している店を観察しているとわかるのは、顧客の注文にすぐ対応していることです。また顧客からのクレームや問い合わせに対して、即時に対応する仕組みができていることです。

この対応のレベルは、実際に商店や会社に電話・メール・便りで連絡してみれば、すぐにわかります。私は、会社のサービスのレベルを調べる場合は、その会社の商品について問い合わせをすることにしています。その時の態度で会社の普段の顧客満足の程度がわかるものです。

顧客満足度5段階評価

1990年代、アメリカでは「CS（顧客満足）5段階」論が盛んでした。これは学校の通信簿の成績評価の5段階評価と同じで、1が最低、5が最高となる次のようなものです。

1　客の要求を無視したり、きちんと対応しない。
2　客の要求することだけに対応する。
3　客の求めたことに応じた上で、それに＋α《プラスアルファ》のことをする。
4　普段から客を訪ね回ったりして、客のニーズを聞き出し、先回りして対応する。
5　自宅の電話番号を教えて、24時間体制で、客に対応する。

ここでは3が普通の顧客満足であり、4と5が良い顧客満足ということです。
私はこの5段階節を企業の営業研修のセミナーで紹介し、アメリカの営業の世界では、優秀な人は年中無休を条件に頑張っていることを伝えてきました。しかし企業に所属する営業マンはフルコミッションの給与体系ではないこともあり、この話に乗ってくる人はいませんでした。

しかし2008年にスマホが普及し出してからは、心ある営業マンはスマホの番号を顧客に教えるようになってきています。私はアメリカの5段階の顧客満足度のランクを知る10年前から、先述したように、名刺に、

「年中無休・24時間受付」

の一行を自宅番号の下に記してきました。こうしたことを実施したのは、日経マグロウヒル社時代に、アメリカの起業家で成功する人に共通するのは、

「最初の10年間は年中無休で、しかも1日14時間働く」

ということを知っていたからでした。

長時間労働を取り戻そう

つまり、日本もアメリカも、裸一貫から事業を立ち上げていくには、このアメリカの起業家が、長時間労働に徹することを当たり前とする姿勢が、必要だと思ったからです。と

ころが、日本のサラリーマンはこうした実態を知らないし、知ろうともしないのが普通です。起業家から日本を代表する事業家として成功したニデックス（旧日本電産）の創業者・永守重信氏は、ベンチャービジネスに挑戦する若き事業主に対してベンチャーキャピタルを用意し、5年間に35社に対し資金的に応援した結果、成功したのは1社しかなかったことに関して、次のように語っておられたことを、私は今も鮮明に覚えています。

中小企業が生きていくには、人の2倍働けばいい。必ず、はい上がっていける。しかし、ハードワークを嫌がり、ちょっと順調だと、すぐ車だとか家だとかにお金を使ってしまう情けない人が多過ぎる。どうして、たった10年間、ハードワークを続けられないのか」

『日経ベンチャー』（1995年7月号）

この永守氏の話は約30年前のものですが、起業を志す人間の志としては、今も変わらないはずです。しかし現在の日本は自己中心の思想が強くなり、かつIT社会になってきたこともあり、この永守氏の話に反発しても、それを自分の問題として受け止め、考え直す人はますます減っているように感じます。

そして政府も自治体も、こうした長時間労働を支持するような言動を危険視する傾向にあります。なぜなら現代は、「労働時間短縮・休日増加」の条件のもとに、生活をエンジョイする生き方を推奨する世の中になっているからです。

そこには顧客満足の精神が、個人にも企業にも薄れてきていることが、背景としてあるように感じます。

つまりサラリーマンで生きることが最も理想的な生き方であり、労働基準法が適用されない事業主として、長時間労働に耐えながら、自らの志を実現することを良しとする生き方を、尊ばない、いやむしろ否定する社会になってきていると言えるのではないでしょうか。

30分余計に働くことの意味

連日長い行列ができることで知られ、かつて総理大臣を務めた故小渕恵三氏や故安倍晋三氏も並んだと言われている日本一の焼き肉店との評判の店が、東京都足立区鹿浜にあります。「スタミナ苑」という店です。その店主・豊島雅信氏はこう語っています。

一所懸命のその先に一歩進めるか、進めないいか。要するに人が1日10時間働くとしたら30分余計に働けるかどうかなんだ。1週間、1か月、1年の差でどれだけのことを覚えられる？　それも他人のためではない、自分のためなんだから。包丁でものを切ることにしたって、いっぱい切っている人には敵わないって。

僕は休日も仕込みのために店に来ています。だって、手を抜いて一番困るのは僕なんだから。そして開店日は昼過ぎから朝5時まで18時間、ぶっ続けて店に立ち放しだ。それでいまではスープの沸騰する音を聞いただけで、出来具合が分かる。調理場にいながら電話で話し、お客さんの声も聞こえる。従業員に指示もできる。プロはそれが当たり前にならなきゃ駄目なんですよ。

（『月刊致知』２０２４年3月号）

顧客満足に徹し、長時間労働を当然とする、事業主魂の人の生き様が、ここに見えます。

5　大谷翔平の振りを見れば商売繁盛のコツがわかる

良い医者とはいつも居て愛嬌がある？

「振りの価値がいい」

とは表情・動作・姿勢の非言語が優れていることです。そこで大谷の振りの価値がいいのが、彼の人気に大いに関係があることを、ここでは学びたいと思います。

彼の振りは、球場に来ている多くの観衆の目にさらされています。もし振りが観衆の好感を呼ぶものでなければ、どんなに投打の成績が良くても、あれほどの人気は出ないはずです。

それが日本でよりもアメリカでの人気がさらに盛り上がっているのは、彼の投打の成績が良いことに加えて、振りの価値が、アメリカでは日本以上に評価され、それが人々の心をとらえているからだと思います。

そのことを理解してもらうために、古い諺を紹介しましょう。

江戸時代、良い医者を選ぶ基準として、

「一にいつも居ること、二に愛嬌、三、四、五がなく、六に腕」

という言葉が庶民の間で広まっていたといいます。

この言葉は、

「良い医者とは、訪ねていくと、いつも家に居る人で、しかも患者に対して、にこにこして愛嬌があり親切で、その上、医者としての技量もいい人」

という意味を表しています。

医者というのは、医療技術がいいことが一番大切と思いきや、それは最後で、その前に、患者の要望に応じていつも居てくれることが第一で、次に明るく感じがいいことが求められる、ということの言葉の意味は、今でも世間では通用することではないでしょうか。

大リーガーも驚嘆する大谷の素振り

大谷は、二刀流ですから、投手としての練習、打者としての練習と球場で過ごす時間が他の選手よりも多いことから、観客はそれだけ彼の姿を見る機会を多く持てるわけです。

しかも彼はいつも笑顔を絶やさない明るい表情で人に接しています。医者の腕に相当するのは彼の投打における抜群の技量です。投手としても打者としても、アメリカのプロの選手が感嘆するほどの技量を身につけています。

彼らが驚かされるのは、大谷の細心の配慮の下に練習している光景だそうです。そのことを、大谷と同僚であるドジャースのクリス・テイラー選手は、アメリカ専門メディア「ドジャース・ネーション」の番組に出演した際に、驚きを以ってこう語っています。

彼の練習態度は誰にも負けない。彼はやることにおいて、本当に細部まで行き届いているんだ。反復動作で1回1回の間隔をあれだけ長く取る人は見たことがない。彼はそれだけ集中しているんだ。ケージ内で素振りする時も、グランド上でスプリント練習する時でもね。

彼は文字通り、試合の状況を（頭の中で）創り出しているんだ。ケージで20本素振りをする時は、彼の場合20分かかる。シチュエーションを思い描くために、1スイングに1分かけているんだ。見ていて本当に特別だよ。だから彼はあれだけ優れているんだと思う」

（日刊スポーツ2024年2月4日付）

大谷は、ほかの選手以上に、球場に居続け、良い条件反射を身につける練習を黙々と行っているのです。その姿に選手はもちろんのこと、野球関係者も球場に詰めかけたファンも、一様に感銘を受けるのだと思います。

彼の笑顔にしてもそうです。いつも笑顔を絶やさない彼の明るい表情に感心する人は多いことでしょう。では、どうしてあのような笑顔の持ち主になれるのでしょうか。

その点に関して、私はかつて拙著の中でこう書きました。

素敵な笑顔の持ち主を観察していると、どんな時でも笑顔を絶やさない。どうして、そうなれるのだろうか。そういう人は、常に笑顔でいるように心がけていると、いつのまにか無意識のうちに、笑顔が保てるようになっているのである。

この状況は、車の運転によく似ている。誰でもそうだが、最初、車の運転を習い始めの頃は、ブレーキやアクセルを踏む時、その都度、「今度はブレーキだ」「今度はアクセルだ」と意識しながらやるものだ。

しかし、毎日運転の練習を重ねて免許を取る頃になると、無意識のうちに、それぞれの行動がとれるようになる。潜在意識が、そうした癖を覚えてくれるからだ。

笑顔もそうだ。いつも笑顔を身につけようと意識しながら表情を訓練していると、自然に笑顔が出てくるようになるものである。

（『明るく生きれば人生は好転する』かんき出版）

ここで大切なことは、いい条件反射をつくることです。このことについて、松本順氏は私が愛読した彼の著書の中でこう書いています。

能力の発揮における心の状態の重要性がわかってくると、むしろ先天的な才能の良し悪しを気にするよりは、後天的にいい条件反射をつくること、すなわち鋭敏な反応性を作ることの方がずっと重要なのだということがわかってくるはずである。というのは、われわれが能力を発揮するとき、心の葛藤をできるだけ少なくし、精神を集中するように努力し、工夫するように努めれば、いい条件反射を、少ない訓練でつくりあげるので、先天的にいい条件反射（才能）に恵まれていないことをあまり気にする必要がなくなるからである。

（『生活に役立つ心理学』（ダイヤモンド社）

この一文は、今日の大谷の振りの価値は、いい条件反射をつくることに努力してきた結果、生まれていると、示唆しているように思えるのです。

第5章

「こころ」の有効活用

1　心構え（心を作る習慣）は人間力の機関車

人生は今日が始まり

人間が持つ力を総称して「人間力」と称した場合、人間力を養う根源は、「こころ」の姿勢である心構え（心的態度）であること、その心構えは2つの習慣（行動と考え方）で形成されると理解することが必要です。

その理解ができると、心構えが「機関車」で、その他の力は「客車」という関係に気づき、常に心構えを磨く習慣を怠りなく行うことの大切さが自覚できます。

したがって、人生を有利に展開していくためには、まずは心構えを毎日磨き続けることです。なぜなら、心構えという能力は毎日ゼロになるので、毎日磨き続けなければ身につかないからです。私はこれを、

「毎朝歯を磨くように、心構えを毎日磨くことから人生は始まる」

と言い、

「人生は今日が始まり」

と提唱してきました。

大谷翔平の2つの習慣

大谷翔平が、日米を通じて、あれほどの人気のある選手になっているのは、彼の心構えが人並み以上に良いからだと受け止め、私たちもまずは心構えを磨くことから、人生を再スタートしていくべきだと思います。

心構えは、2つの習慣から形成されます。1つは「行動」の習慣です。もう1つは「考え方」の習慣です。この2つの習慣を毎日磨き続け、良い条件反射として身につけていくことです。

大谷は、この2つの習慣を、小学校時代から親に言われながら実践していき、いまでは無意識のうちにできるようになっているのだと思います。彼の笑顔ひとつをとってみても、そのことを感じずにはおれません。

私が心構えを人間の最も重要な能力と捉え、それを磨くには、毎日の行動と考え方の習慣を良くすることだと学問的に気づいたのは、大学生の時でした。

そのきっかけになったのは、大学に入学して学生寮に入居し、同じ部屋に、戦前の師範学校を出て小学校の先生をしていた方が、向学心に燃え大学生として入学してこられたのです。その方と生活を共にするようになって、心構えは能力と考えるようになったのです。

この方は私よりも年齢が一回りも違う大先輩でしたが、私と親しく接してくれました。その先輩は、小学校の教師を10年以上経験しておられ、子供の能力の違いを生ずる最も大きな要因は、心構えを毎日磨く習慣の有無だと指摘されていました。私は自分の体験をベースに、この指摘に共鳴し、その人の教師生活の体験談に耳を傾けました。

審判が絶賛する2人の選手

私は講演で毎回強調していたのは、

「挨拶・返事・後始末」

の習慣の徹底でしたが、この3つがしっかりと習慣づけられている人は、心構えの良い人といって間違いないでしょう。

プロ野球の審判を28年にわたって行い、２０１５（平成27）年に最優秀審判賞を受賞したこともある佐々木昌信氏は、こう語っています。

どの選手にしても第1打席に、球審に「こんにちは」とか「お願いします」って入ってきますが、大谷翔平選手と松井秀喜選手の2人だけは必ず「〇〇審判、こんにちは」と言って、苗字を付けてくれます。人間性でしょうね。

試合が終わると「お疲れさまでした」「ありがとうございました」。審判にゴマをするというのではなく、そういうコミュニケーションが自然体でできる、そういうのが伝わるからメジャーでも人気が出るのでしょう」（『プロ野球元審判は知っている』ワニブックス）

この佐々木氏の証言は、第三者が人物を評価する場合、どこを見ているかがよくわかる事例です。やはり、あいさつをきちんとできるかどうか、この簡単で当たり前の行動を毎日、関係者に向かって、ちゃんとしていることで、例えば元審判の佐々木氏が、こうして著作の中で、高く評価してくれているのです。それはまさしく自分の知らぬ間に、誰かが自分を引き立ててくれていることを物語っている事例だと申せましょう。

必ず問題を起こす2つのこと

何か問題が起きる原因は、突き詰めれば2つしかないのです。

「無知」と「ものぐさ」（怠惰・怠慢）です。

無知については、近年はスマホの普及で、知らないことはすぐ検索して調べられるようになりましたので、問題は「ものぐさ」です。

良いと知っていても、それをやろうとしない人が最近は増えてきています。その一例が「あいさつ」です。あいさつを交わせば、人間関係が良好になり、生活をする上でいい環境を創り出せるにもかかわらず、それをばかばかしい、面倒だ、恥ずかしい、といった理由でやろうとしない人が激増しているのです。

その最大の要因は、家庭において家族同士であいさつをする習慣が欠如しているからです。両親がいつも子供たちにあいさつし、それに応じて子供たちもあいさつをしている家庭では、あいさつだけでなく、返事も、後始末もよくできているものです。

大谷の実家では、ご両親がお互いに尊敬しあい、決して子供の前では夫婦喧嘩はしないと決めてこられたこともあり、楽しい雰囲気が醸成されていたようです。

彼がアメリカの野球界に躍り出てきてくれたおかげで、プロ野球の人気が低迷気味であったアメリカにとっては、「大谷翔平」はまさに救世主です。それがわかっているからこそ、一流選手の誰もが大谷を歓迎していると言えるのです。

これもすべて彼の良い心構えのおかげと考えると、一人の人間の心構えの力の影響力の凄さを実感させられます。

そこでこの章では、心構えの力を強くしていくためには、行動と考え方の両面でどんな努力をしていけばいいのかを、じっくりと考えていきたいと思います。

2 心構えを作る習慣について検討する

人生を好転させるもの

人生を個人的にも家庭的にも仕事の上でもうまくいくためには、心構えを、

「積極性」
「明朗性」
「利他性」

の3分野に分けて、これらの分野の行動と考え方の習慣を毎日磨く努力を重ねることです。そうすれば自ずと人生は好転するというのが、私の持論です。

私は88歳までの間、多くの人々を観察してきて、この3分野の良い習慣を形成できた人は、すべて幸せな人生を送っていると断言できます。

私自身、この3分野で良い習慣を続けてきたことで、88歳の今日も、健康を維持できており、家族にも恵まれ、仕事の分野でも未だに現役として活動を続けることができています。

私と同年代の人は、戦前戦後の厳しい時代を乗り越え、日本が最も発展した高度成長時代を猛烈に働き、バブル景気の崩壊後の低迷の30年を過ごし、80代にはコロナ禍に襲われるなど、波乱の人生を送ってきました。

幸せの鍵、健康、家庭、仕事

それだけに様々な体験を重ねながら、私は、人間の幸せとは何かを考え続けてきましたが、その間に、私と同級生であった中学・高校・大学の仲間たちが60歳過ぎた頃から、徐々に亡くなっていきました。今では親しい仲間の3割しか残っていません。

早く亡くなった同級生の中には、一流企業に勤務してサラリーマンとしては成功した人が幾人もいます。しかし、仕事上で激務に追われ、ストレスに苛《さいな》まれて、最後は病魔との戦いに敗れ、80代まで生きられなかった人がかなりいるのです。

一方、学歴競争とは無縁の世界で、永年鍛え上げた専門の能力で、定年退職の恐れもなく、今も堂々と生きている仲間もいます。そうした仲間たちの人生を知るにつれ、人生の幸せとは何かの答えが、最近、はっきりしてきました。それは、健康と家庭と仕事が順調に推移できれば、それは最高の幸せだということです。

大学時代の同期生で亡くなった某君を思い出すことがあります。彼は私が日経を中途退社して間もなく、山手線の車内でパッタリ出会った際、私に、

「がんばれよ！」

と大いに励ましてくれました。

彼はその後順調に出世して役員に昇格したものの、その後はあまりパッとせず、60代で亡くなりました。多分、役員に昇格後、重要な仕事から外れたことを苦にしての精神的な

要因が死因であったと思われます。

これは一例にすぎませんが、この類の事例を私はたくさん見聞してきました。私は途中でサラリーマンを辞めて独立した人間です。しかも事業主として生きた年数のほうが、サラリーマン生活よりも2倍も長くなったこともあり、サラリーマンが人生の途中で、病気や立身出世街道に乗り切れずに、先の同期生のように志半ばで亡くなっていく訃報に接すると、無性に残念な気持ちに駆られます。

それは、サラリーマンだけが人生ではない、もっと人生を広い視野で見つめ直してほしかったとの思いが、しきりに胸を打つからです。

いま、幸せかどうか

私ぐらいの年齢になりますと、サラリーマンで成功したかどうかには、あまり関心がなくなります。それよりも、心構えを磨き続け、健康で、家庭生活が健全で、仕事もちゃんとしていることが大切です。繰り返しますが、健康・家庭・仕事の三拍子がそろって健全であれば、その人は大変幸せな人であり、成功者と言えるのです。

この三拍子そろった人が多いのが、事業主の皆さんたちです。この人たちの多くは元サラリーマンです。そして心構えを磨く習慣について関心が強く、ご自身が心構えを毎日磨いておられます。

そういう事業主の中には、出世競争や企業が掲げた目標達成に追われ、長時間労働を強いられ、健康を維持する時間や家庭を大切にする時間、そして自己実現の希望を捨てざるを得ない環境に耐えられず、悩みに悩んだ結果、思い切って独立することを決断したという人が、かなり多いものです。

こういう方々は、おおむね自分を大切にする強い自己肯定感の持ち主です。ですから自分を大切にすると同時に、相手も大事にする気持ちがありますから、私のように途中でサラリーマンを辞めて独立する人間に対して、温かい関心を寄せ、同時に積極的に協力を申し出てくれる人たちでもあります。

私は日経を辞めた時、まず私に近づいてきてくれた方々は、こうした事業主の皆さんでした。そして私の提言する健康増進の話、家庭生活を充実する話、仕事が繁盛する話に、賛意を表してくれ、私の独立を応援してくれた人たちでした。

汗が人を惹きつける

私は日経本社に20年間勤務していたことから、大手町や丸の内・八重洲地区に存在する会社の人たちとの交流が多かったのですが、独立してからは、そういう中心地のビジネス街で働くサラリーマンよりも、地域社会に根を張り、事業を展開している事業主の方々とのお付き合いが断然多くなっていきました。

そういう個人事業主の人たちは、地域の経済団体である商工会とか商工会議所のメンバーで、さらに中小企業同友会・倫理法人会などの研修会のメンバーでもあります。

したがって、私の独立当初の仕事は、この方々の紹介で、各地域で開催される講演に招かれることから始まったのです。事業主の口コミによる宣伝力は効力があり、次々と隣町や県内の同種の講演会に私を推薦してくれました。

正直に申し上げて、こうした地域での講師料の相場は安いものです。しかし料金の多寡《たか》に関係なく、関係者のご厚意に感謝しながら、与えられた仕事を精一杯、誠意をこめて行っていったことで、その熱意は関係者に伝わっていきました。

独立後間もない秋頃、東京都府中市の商工会議所での講演で、私は全身汗だくになりながら話をさせていただいたことがあります。講演終了後、年配の担当者が壇上でこう叫ばれました。

「こんな汗だくの講演を初めて聴きました。皆さん、この田中さんの背広に染み出た背中の汗を見てください。この汗にもう一度拍手を送りましょう」

と言ってくださったのです。その時、私は不覚にも泣いてしまいました。皆さんの激励の拍手が嬉しかったからです。この時を境に、仕事は飛躍的に広がっていきました。

3 積極性の心構えを作る行動の習慣

積極性を父から学ぶ

大谷の積極性については、もう申し上げることはありません。スポーツ選手として傑出していたご両親の下で育っているだけに、彼の積極性は保証付きでしょう。そこでここでは、私の積極性について触れてまいります。

積極性（前向きな生き方）を保持していけば、人生は何とかなるものです。私はそのことを父から学びました。

戦前の父は軍人でした。父と共に外地に赴任していた私たち家族は終戦と同時に引き揚げてきました。父も半年後に帰国してきましたが、公職追放で公職には一切就けないため、講和条約発効までの6年間は、行商人として生計を保っていました。

慣れない世界で父は苦労したと思いますが、家族のために猛烈に働いてくれました。父は早朝から夜まで頑張ってくれたおかげで、家族は終戦後の経済的に厳しい時代にもかかわらず、人並みの生活を送ることができたのです。

私は中学・高校時代を福岡県大牟田市で過ごしました。中学校の同級生の80％が卒業と同時に就職し、残りの20％が高校に進学しました。そしてさらに大学・専門学校に進んだ者は30％程度でした。当時の、地方の実態はそうしたものでした。

ですから、もし父の行商がうまくいっていなかったら、私も高校を出たら働くのが普通でした。しかし父は、私が中学・高校で成績が良かったこともあり、

「真澄は大学に行きなさい。費用は私が何とか工面するから」

と私に約束してくれました。

父の積極性に助けられて、私は東京の国立大学に進学し、父からの送金と奨学金とアルバイトの収入とで、何不自由なく学生生活を送ることができました。

もし終戦直後、父の猛烈な頑張りがなければ、今の私はなかったのです。そのことを思いますと、父に対する感謝の念は永遠のものです。したがって毎朝、仏壇の前で父と母に感謝の祈りを捧げながら、私も積極的に生きて行くことを誓っているのです。

父は83歳で亡くなりましたが、最期まで前向きな生き方を堅持していました。その積極性を保ったのは、「早起き」と「歩き」という行動の習慣でした。

まず「早起き」についてです。父の早起きは長い軍隊生活で身につけた習慣ですが、この習慣は父の健康を生涯にわたって支えてくれました。しかも「早起き」は生活の手段であり、この習慣が身につけば、仕事の段取りがうまくいき、その結果、実際の仕事も計画通りに、しかも順調に仕事は展開していくことになります。

父母の早起きの習慣は、そのまま子供である姉と妹と私の習慣となりました。早起きが良い条件反射となり、何事に対しても早目早目に準備ができたことで、私たちは学校の成績も社会人となってからの仕事の成績も、人よりもずっと良くできました。

段取りが決め手

「段取り8割、作業は2割」

と言いますが、確かに仕事のできる人は、この法則を活用しています。早起きして、早く仕事場に出て、その日の段取りをしっかり立てることで、仕事は能率よく運ぶことができます。

段取りの段階で、私が用いたのは、物事に優先順位を付ける「80対20の法則」と、「アイゼンハワーのマトリクス」です。

前者は、

「全体の上位20％が全体の80％を支配する」

という法則です。例えば100万円の売り上げがあるとすると、

「(その売り上げの) 80％の80万円は全顧客の上位20％の優良客によってなされている」

ということです。したがって、仕事をする場合、仕事の内容を優先順位に列挙し、重要な上位20％に精力を集中することで、全体の80％をやり遂げたことにつながっていくのです。

一方、後者は、アメリカの34代大統領ドワイト・アイゼンハワーが実践した時間管理術で、仕事を次のように4区分し、

①「緊急かつ重要」な仕事は、すぐやる。
②「緊急ではないが、重要な仕事」は、計画的にじっくりやる。
③「緊急だが重要でない」仕事は、他人に任せる。
④「緊急でも重要でもない」仕事は、やらない。

とすることです。

この4区分の①と②に精力を集中することです。その際には、「PDCAサイクル」の管理手法を使います。Plan（計画）、Do（実行）、Check（評価）、Action（改善）の4つの段階を繰り返して、仕事を継続的に改善していくのです。

こうして重要な仕事に時間を配分するためには、早起きして余裕の時間を作り、物事を計画的に運んでいくことが肝要です。決して思い付きで仕事をしないことです。さらに緊急なことでも重要な仕事でないものは、できるだけ他人に任せることです。

いかに仕事を任せるか

私が日経マグロウヒル社の最後の2年間は3つの役職（販売部次長・調査開発室長・販売会社取締役営業部長）を担いましたが、どの役職も重要でしたから、仕事に重み付けを行い、私でなくともできるものは、どんどん部下に任せていきました。そして私は重要な仕事だけを行い、多忙さでストレスを感じることなく済みました。

この経験が活かされたのが、独立後の仕事の仕方でした。自営ですから、本業の講演・執筆だけでなく、経理・宣伝・調査など本業に付随する仕事がたくさんあります。そこで、これらの付属業務は外部の専門家に相応の料金を払って任せていきました。経理は税理事務所に、宣伝は講演斡旋業者に、調査は興信所に、という具合に。

その結果、私は本業に打ち込めましたし、時間に追われてノイローゼになることもなく健康を維持していけました。それも早起きして、余裕の時間を常に持つことができたからなのです。

歩くこと

次に「歩き」についてです。父は行商をやっていくには、とにかく優良客をマメに回ることだと経験的にわかってからは、顧客や見込み客への訪問を重ねていき、顧客の声をよく聴いていました。そして顧客の求める商品を仕入れ、いち早く持っていくことを信条にしていましたから、売り上げは伸び続けました。

父と同様、私も歩くことの重要性を認識していましたので、中学校・高校時代は、徒歩での登校に往復2時間を充てました。こうして6年間、毎日歩行を継続したことで、健康と積極性を養うことができました。この歩く習慣は大学時代も日経時代もずっと続けたのです。その歩くことについては、次のような話があります。

日経入社11年目に、会社は10年以上勤務の社員に住宅融資制度を設けました。早速申し込んだ私が、第1回の融資対象者に当選しました。その資金をベースに自宅を建設することにしましたが、見つけた敷地は駅から徒歩25分のところでした。私は、これは毎朝歩くのにちょうどいい距離だと思い、購入を決めたのでした。

こうして、「早起き」と「歩き」を2つの柱としたおかげで、順調な人生を歩むことができています。ですから私の講演では、「早起き」と「歩き」の重要性を必ず説くことにしているのです。

4 積極性の心構えを作る考え方の習慣

チームメイトを奮い立たせた言葉

これまでの大谷の人生を考察して感じることは、彼はまさしく積極性に満ちた人物、すなわち目標思考主義者であり、オンリーワン思考主義者であるということです。どんな場面でも積極思考回路が彼の頭脳にできあがっているのはそのためです。

もう今ではすっかり大谷の名言として世界中に広まっているのが、2023年WBC決勝戦でアメリカと戦う前のロッカールームで、日本チームが円陣を組んだ時、彼は声出しで、次のように短く語ったことばです。私は中継でこの光景を見ていたこともあり、改めて彼の積極性に感銘を受けたのです。

僕から1個だけ。憧れるのをやめましょう。ファーストにゴールド・シュミットがいたり、センターをみればマイク・トラウトがいるし、外野にムーキー・ベッツがいたり、野球をやっていたら誰しも聞いたことがある選手たちが居ると思う。

憧れてしまったら超えられないので、僕らは今日超えるために、トップになるために来たので、今日一日だけは彼らへの憧れを捨てて、勝つことだけを考えていきましょう。さぁ、行こう!!

こうした積極思考は、アメリカではポジティブシンキングと呼ばれ、医学的な研究の対象となっており、積極思考の効果が多くの大学で証明されています。その研究の事例は、ネット検索すれば、いくらでも見ることができます。

私は、積極性に富む人をたくさん見てきました。そして高齢者になった今、感じたのは、長く健康を維持している人は、総じてそうした積極性に富んでいることです。

積極性とは、何事も前向きに受け止めることのできる考え方、自分の周りに起きている事象を、前向きに解釈できる発想とも言い換えられます。

「4」は幸せの数字

実は私は、幼児期は積極性とは真逆の思考の持ち主だったのです。それは小学校入学前まで、たびたび自家中毒という病気で入院することが多い、典型的な病弱児だったことと関係があります。

私は今でも大病院に出かけて病院独特の匂いを嗅ぐと、フッと幼児期の病院暮らしを思い出すことがあります。それほど病院での生活が長かったのです。

戦前の病院では、病棟に「4号室」という部屋はありませんでした。「4」という数字は「死」を連想し、それが人々に嫌われたからだと思います。そういう考え方が、無意識のうちに病院で生活している間に、幼い私の潜在意識に刷り込まれたのでしょう、私は小学校時代、「4」という数字が大嫌いで、「4」という数字を見ただけで、すぐマイナスの気分に襲われたものです。

それでも中学・高校と成長するに従い、そうしたマイナス思考に襲われることも少なくなっていたのですが、大学受験の際、私が受験申し込みの書類を、申し込み受付開始日より10日ほど早く大学事務局に送ったためか、何と受験票の番号が「4」の書類が届きました。

この時、母に、最も嫌いな番号の受験票を見せ、番号変更はできないものかを相談したのです。母は父の影響を受け、いつも子供達には前向きな言葉を発していました。その時も、

「物事は考え方次第で、どうにでも解釈できる。『4』を重ねると『しあわせ』となり、『4』は幸せの『し』とも受け止めることができる。そういう考えで、今日から、『4』は良い数字、幸せにつながる数字と考えて、『4』を好きになるよう努力しなさい」

と言ってくれたのです。

この母の言葉で、私はなるほどと思い、確かにそうだ、そう考えるようにするぞと決意、以来「4」を自分の最も好きな数字と自分に言い聞かせてきました。幸いにも、「4番」の受験表で試験を受けても、無事に合格できたことから、「4」は私のラッキーナンバーと思えるまでになりました。

と同時に、母の忠告で物事を前向きに受け止めていくことの大切さを、しっかりと自分の考え方の根底に据える習慣を身につけていくことができました。

無駄な経験は一つもない！

大学4年間の家庭教師の生活においても、常に教え子のいいところに注目し、それをほめ、いつもやる気を出すような話をしました。そして徹底的に基本の大切さを教え、弱点は繰り返し基本から学び直していけば、逆に長所になるという考え方で勉強にも臨むように指導しました。

その結果、どの子も希望通りの進学校に入学できました。この事実を積み重ねたことで、私は自分の自信にもつなげて行けたのです。この経験から、人にやる気を起こさせ、目標達成に導くような仕事は私の得手になると思うようになりました。このことがモチベーショナルスピーチを武器にした社会教育家になることへとつながり、独立自営も自分には可能であると、前向きな考え方を抱けることになったのです。

日経に入社してからも、どんな仕事でも前向きに受け止めて、

「無駄な経験は一つもない」

と自分に言い聞かせ、会社の命令に対して、不平を述べたことは一度もなく、常に前向きに対処していきました。

そんな態度が上層部に気に入られたのか、入社10年目に、誰もが出向したいと思っていた日経マグロウヒル社に、販売部門からは私が選ばれて行くことになったのです。この日米合弁の出版社で働く経験を積むことができたことは、私のキャリアにとって大きな収穫をもたらしました。

今と違って当時（1969年／昭和44年）の出版文化においては、まだまだアメリカは出版技術も考え方も日本の先を行っていました。それだけに実務を通じて、そうした先進国の文化を学べたことは、私の独立の力にも大きく寄与したのです。

5 明朗性の心構えを作る行動の習慣

恋人にしたい人、大谷！

大谷が球場に姿を現すと、客席のファンの間から歓声が挙がります。それに応えるように彼が笑顔で振り向くと、ひときわ歓声が高くなります。彼が多くの人々に愛されていることが、この光景からすぐわかってきます。

彼がファンから愛される性格は天性のものでしょうか。私は先天的なものが半分、残りは後天的なものであると思います。

先にも紹介しましたが、彼が高校1年生の時に作成した目標設定のマンダラートの「人間性」の欄に「愛される人間」と記しています。

これはすでに彼が高校1年生の時に、周りの人々から好かれ、愛される人間を志していたことを意味します。

その志を具現化するには、人々が近寄ってきてくれるような笑顔の持ち主であることが大切と、彼は高校1年の時からしっかりと自覚していたに違いありません。その自覚が、彼にさっと笑顔の持ち主になれる条件反射を創り出したのです。

しかし彼の人気は笑顔だけが作り出したものではないのです。2024年2月14日のバレンタインデーで、オリコンニュース社が毎年恒例で行う、「女性が選ぶ〝恋人にしたい有名人〟ランキング」で、第1位を獲得したのは大谷でした。このランキングのベスト10に運動選手が選ばれたのは、今回が初めてということらしいです。

その選考について多くの女性が挙げた理由は、「真摯に野球に打ち込む姿にリスペクト」であったとのこと。つまり、大谷の野球一筋に邁進《まいしん》している純粋な姿勢に、人々、特に女性の人気が集まったというのです。

目の前の仕事に打ち込む美しさ

この事例のように、明朗性を身につけるには、まず自分の本業に真摯に打ち込む普段の姿勢が大前提となります。自分の選んだ仕事にほれ込み、それ一筋に打ち込むことで、心にわだかまりが残らない状況になります。

大谷の姿勢がまさにそうです。またそれが彼の素直さを醸し出しているのです。そういう状況下に自分を置くことができれば、自然に笑顔が出てくるというものです。

逆に言えば、仕事に不満を抱いていると、どうしても気持ちが下向きになり、笑顔の表情から遠ざかることになります。だからこそ、嫌々ながら仕事をするものではありません。

何かの仕事に就いた以上は、その仕事を天職と受け止め、とにかく懸命に努力すること

です。そうして頑張っていれば、次第に仕事が面白くなります。気持ちも前向きになりま
す。当然ながら、笑顔の一つも浮かべることができてきます。

私の20年間のサラリーマン生活では、正直なところ、やりたくない仕事もありました。しかし私は担当した以上、どんな仕事も手を抜くことなく、人が見たら馬鹿正直と思うほど、その仕事に打ち込みました。

そうしたのは、前にも触れた通り、将来、事業主になるために、できるだけ多くの仕事をして、その経験から学ぼうという気持ちが強かったからです。

今にして思うのは、最初は抵抗のあった仕事も、本気で取り組んだ結果、そこから多くの気づきを得て、ものすごく勉強になったことです。まさしく、

「無駄な体験など一つもない」

でした。

多分、大谷も監督・コーチから提案されたトレーニングに対して、本心ではやりたくないと一瞬思ったことでも、素直に受け入れて、懸命にやったことで、やっぱりやってよかった、と思ったこともしばしばだったことでしょう。

そういう経験を積んでくると、何事も前向きに受け止められるようになり、それが明朗

性の養成にもつながっていくのだと考えます。

笑顔がもたらすこと

さて明朗性を行動の習慣から創り出していく第一歩として、私は笑顔訓練を挙げたいと思います。毎朝、鏡に笑顔を写すことを繰り返していく習慣です。私はこの習慣をずっと実践し、講演・執筆でも多くの人に推奨してきました。この笑顔訓練を素直に自分の習慣に取り入れた人は、必ず笑顔の効果を知るようになります。

第1の効果は、自分が次第に明るい人間に変わっていけることです。人との対話や会議などで、嫌な顔をして周りの人に不快な気持ちを抱かせずに済むことは大事なことです。その結果、対人関係が良くなり、次第に人脈が増えていきます。

私が独立して最も学んだことは、ご縁の大切さでした。人に気に入ってもらい、その方から「引き」をいただいてこそ、仕事の口は増えていき、それにつれて収入も安定していくものです。そのご縁を次々と創っていくことができなければ、独立自営は長続きしません。

しかし、この「引き」の大切さに最後まで気づかず、せっかく起業したものの、廃業していく人が実に多いのです。もう一度思い出してください。

「一にいつも居ること、二に愛嬌、三四五がなく、六に腕」

という言葉です。

江戸時代のいい医者を選ぶ条件の二番目が「愛嬌」であることです。

第2の効果は、笑顔が健康にいいことです。笑顔を絶やさないように心がけていると、ストレスを感じないようになります。病気の最大の原因はストレスですから、このストレスを防ぐ意味でも、笑顔訓練をしながら、常に笑顔を保てるように本気で実践することです。

私が45年間も独立を維持できたのは、何といっても健康であったからです。健康で笑顔を絶やさずに生きられれば、人生は何とかなるものです。なぜなら、笑顔で人様に好かれ、ご縁ができれば、「引き」に恵まれ仕事の口が見つかるからです。

この単純明快な原理原則を棚に上げて、難しい理論を説いたところで、仕事は寄ってきません。学校での成績優秀だった人が、サラリーマンを終えて起業で失敗するのは、この笑顔の重要性が本当には分かっていないからだと思うのです。

6　明朗性の心構えを作る考え方の習慣

ある雑誌プロジェクトのこと

物事には明るい面と暗い面とがあることを、多くの人は知っています。その2つを同時に受け入れて、明るい面を選んでいく考え方を「陽転思考」と私は言っています。

私はこの陽転思考の考え方の大切さを日経時代に自覚し、自分は常に明るい面を選択していく人間になるぞと決意したものです。

そう決意してからは、一般にはマイナスとしか受け止めない事態も、やっていれば明るい面も必ずあるはずだと思い、体験しなければならないことは、全てプラスに受け止めるようにしてきたつもりです。

私は日経マグロウヒル社時代、『日経ビジネス』『日経エレクトロニクス』『日経アーキテクチャー』の3誌を軌道に乗せた後、次の技術雑誌としてアメリカマグロウヒル社の航空工学雑誌『Aerospace』と提携した雑誌発行を、検討するようにと上司から要請されました。

私は早速、その方面の情報を探りましたが、どうも明るい見通しを抱ける確信が持てなかったので、どうしたものかと迷ったのです。

その時、日本航空の技術陣の方々に集まってもらい、情報のニーズを探ったところ、その必要性はかなりあるものの、果たして雑誌を発行するほどの市場があるかどうかには、私としては疑念を持たざるを得ませんでした。

そこで、航空技術者の存在とその数を徹底的に調べていきました。戦前の日本は、世界に誇る技術者が大勢いましたから、ゼロ戦をはじめ優秀な戦闘機や爆撃機を次々と製造できたのです。

しかし、戦後、占領軍の方針で、日本の航空技術陣は雲散霧消し、技術陣の養成母体であった大学の航空技術を教える学科もその多くがなくなり、それに伴って専門家も少数になっていきました。

そんな状態が戦後長く続き、日本の航空工業は、アメリカの下請けで行う仕事が主になっている状態でした。そこで私は航空技術教育を細々ながら続けている大学を調べましたが、これまた実に心細い状態でした。

戦後30年経った当時でも、アメリカは日本の航空産業が発展することを望んでいないことが、はっきり統計的につかむことができました。

今では常識になっていますが、戦後のアメリカは、日本が軍事的に力をつけることを最も恐れていたのです。そのために、日本が得意とする航空機の研究開発を、抑止する政策を続けていたのです。

その明らかな事実を知って、航空技術雑誌を発刊しても、それを支える読者層を形成する地盤が育っていないこと、その地盤形成を待つには、かなりの歳月が必要である、との2つの理由から、当面、新雑誌の発刊は断念せざるを得ないとの結論に達しました。この結論から、新雑誌のプロジェクトを立ち上げることは中止になりました。

この一連の新雑誌発刊の市場調査を通じて、アメリカと日本の政治的な力関係を、いやというほど思い知ったのです。それ以来、アメリカが日本政府に求める政策には、必ずこうした裏があることを承知しておかねばならないと考えることにしています。

もし私が調査を始める段階で、最初から見込みなしとして本格的な調査をしないでいたら、こうした日米の関係を明確に掴むことができずに終わったでしょう。

その意味では、しっかりしたデータに基づいて判断したことで、私自身が大いに勉強になりました。

つまり、暗い面から逃げず、それを真正面から受け止めることで、真実が見えてくることがある、と知ったこの体験は、私にとって実に有益な知的財産になったのです。

三重苦を陽転思考で乗り越えた松下幸之助

陽転思考者としても知られている松下幸之助氏は、自分が背負っている負の遺産を、逆にプラスに転じた名人でした。氏は三重苦の人物と言われました。第1に健康恵まれなかったこと、第2に小学校4年中退で学歴がなかったこと、第3に育った家庭が貧乏であったこと、です。

氏はこの三重苦を、持ち前の利発さで、一つひとつ、自分に有利になるように活用していきました。その過程を学ぶだけでも大きな気づきを得られます。

第1に、健康に恵まれなかったことを逆手にとって、周りの有能な人物を引き上げて教育し、重要な職務に就かせて、権限移譲を図ったことです。

戦前の松下電器時代に育った人材で、戦後、優れた経営者が続々と世に出てきました。

松下電器が家電業界で、東芝・日立・三菱を抑えて、我が国第一のメーカーになったのも、この多彩な人材の活用があったからです。

第2に、学歴に恵まれなかったことで、氏は周りの人物から、謙虚に学ぶ姿勢を持ち続けました。その結果、経営者として第一級の人物になると同時に、教育者・啓蒙家としても日本を代表する人物にもなりました。

氏が創設した松下政経塾は、現在、政界で活躍する人物を数多く育てていますし、氏が創立したPHP研究所は、松下幸之助氏の著書を発刊する他にも、数多くの専門書や雑誌を発行し、併せて経営者・管理職・社員教育にも多大な貢献をしています。

第3に、家庭が貧乏であったことで、大阪の商店に丁稚入りし、商売の基本を徹底的に学ぶことができました。氏が商売の神様と言われるようになった基点は、この丁稚時代に培われたものです。

氏は1989(平成元)年4月に94歳で亡くなり、すでに35年の歳月が経過していますが、氏の著書のほとんどは、今もロングセラーを続けています。日本人の多くが、いかに氏に学んだか、また今も学ぼうとしているかが、この事実からもつかめます。

7　利他性の心構えを作る行動の習慣

大谷が尊敬される理由

「利他」とは、「利己」（＝自分の利益だけを追求する）とは反対の言葉で、自分のことを後回しにして、他者のためのお世話をする・寄付をすることです。別な類語としては、「献身」「自己犠牲」といった言葉が挙げられます。現代社会は利己主義が人々の心に根付いており、利他主義を自分の行為に活かす人は、まさに尊敬に値する人です。

その代表的な人物が「大谷翔平」です。彼は日本でもアメリカでも、思い切った寄付行為を行うことでも、マスコミを驚かせています。

その最大のものが、北海道から沖縄まで、離島を含めた全ての小学校約2万校に、ジュニア用野球グローブ6万個（＝6億円相当）を寄贈したことです。しかも3個のうちの1個は左利き用で、彼の細やかな配慮がうかがえる話です。

　この対応ぶりに、ネット上では「左利きの子にも配慮しているのが素晴らしい」といった感動の声が数多く寄せられています。

　このグローブ寄付をはじめ、彼の母校・花巻東高校には、野球選手が他校との遠征試合用に必要とされる大型バス（＝5000万円相当）を寄付しています。また能登半島地震で多くの犠牲者が出たことが報じられると、彼はドジャースの会社と共同で100万ドル（約1億5千万円相当）の義援金として寄付したことは先述しました。

　これらの事例から、大谷には利他の行為を促す習慣が身についていると考えられます。その遠因は何かについて、どこも報じていませんが、私は、彼の言動の背景に報徳思想が横たわっているのではないかと感じたのです。

　と言いますのは、私はこれまでに二宮尊徳のことを2冊の本（『自助独立の哲学』ぎょうせい、『人生は自分の力で切り開け！』大和出版）で詳述した経験から、報徳思想にいささか通じていることから、そのような感想を抱いたのです。

報徳思想が基盤の花巻東高校

早速、彼の出身母校のホームページを開いてみました。何とそこに建学の精神として報徳思想が取り上げられているではありませんか。

花巻東高校のホームページの「教育理念」には、こう記述されています。

本校の教育方針の基本は、建学の精神である「感謝・報恩・奉仕・勤勉・進取」を生かした心豊かな情操を持ち、礼儀を重んじる品格ある人材の育成にある。

続いて、「報徳思想」の項では、こう記されています。

二宮尊徳翁の「報徳思想」を形成する3つの柱とは、「勤労・分度・推譲」という考え方である。

勤労

「勤労」とは、「積小為大」という言葉に代表される考え方で、大きな目標に向かって行動を起こす場合でも、小さなことから怠らず、つつまし勤め励まなければならないという教え。「今蒔く木の実、後の大木ぞ。」という、尊徳翁の有名な言葉が残されている。

分度

「分度」とは、適量・適度のことで、分度をしっかり定めないから困窮し、暮らし向きもよくならないのだという考え。家計でも仕事でも、現状の自分にとって、どう生き、どう行動すべきかを知るということが大切だとする教え。

推譲

「推譲」とは、肉親・知己・郷土・国のため、あらゆる方向において譲る心を持つべきであるという考え。分度をわきまえ、少しでも他者に譲れば、周囲も自分も豊かになるものだという教え。

次に報徳思想普及の本部である大日本報徳社（静岡県掛川市掛川1176）のホームページを調べてみると、花巻東高校は全校生徒向けに毎年「二宮金次郎セミナー」を開催し、大日本報徳社からはもちろん、全国から報徳関係の学者・研究者を招いて、報徳思想の普及を積極的に行っているという事例が紹介されていました。

このことによって、大谷は高校在籍3年間に、尊徳思想のシャワーをたっぷり浴びたに違いと思いました。ですから、彼の背後には報徳思想があることは間違いないのです。

祖父の存在

それに加えて、私の勝手な推測ですが、大谷選手の祖父の存在です。彼の祖父はすでに亡くなっておられますが、彼の父親の生年月日から推定して、もし現存しておられたら、現在90歳前後の方であったと思われます。ということは、私と年齢は1〜2年しか違わないはずです。

ですから、彼の祖父がどういう人であったかは、なんとなく推測できます。彼の祖父も私も昭和10年前後の生まれであるため、戦前の初等教育を受けています。戦前の学校教育では、「修身」という教科がありました。

この「修身」の教科は、戦前の教育の基本とされた「教育勅語」をベースとした道徳教育です。小学校に入学した直後から、「修身」は全生徒の必須の科目でした。私の入学記念写真は、校庭の二宮金次郎の銅像の前で写されたものです。このことからも戦時中の小学校の教育の雰囲気の一端がうかがわれます。

「修身」の教科書に最も頻繁に出てくるのが二宮尊徳（幼名は金次郎／1787〜1856）です。二宮尊徳は江戸時代が生んだ日本の代表的な人物で、農政家（農村指導家）であり、報徳思想を説いた思想家です。

尊徳は明治維新の12年前に亡くなっていますが、尊徳の存在を知った明治天皇は、この人物こそ日本人が見習うべき模範的な人物であるとし、修身の教科書に数多く取り上げられたのです。

その「修身」の学習を通じて、大谷の祖父も私も報徳思想が潜在意識の中に植え込まれています。その祖父の近くで育った大谷は、報徳思想の下地ができていたのです。ですから高校での報徳思想の教育が、素直に身についたと理解できます。

8 利他性の心構えを作る考え方の習慣

生き続ける二宮尊徳

「報徳思想」を編み出した二宮尊徳は、我が国が誇る思想家・哲学者であると、多くの賢人が述べています。

明治時代にキリスト教を学び、その指導者になった哲学者・内村鑑三氏が述べている次の一文もそのひとつです。

私はかつて「日本及び日本人」という本を英文で著し、これを公刊した。内容は西郷隆盛・日蓮上人・上杉鷹山・二宮尊徳など、世界的な日本の偉人を紹介したのであるが、これを読んで、英米人らがいちばん驚き、かつ敬服したのは二宮尊徳先生だったという。彼らが異教の国というこの日本に、このような高潔で偉大な聖人がいたということは彼らが意外としたようである。もし英米人がこまかく先生の性格・行動・学問・技術・閲歴などを知

ったならば、おそらく二宮先生をもって世界における最高かつ最大の偉人の一人に数えるだろう（中略）
私の理想とする人物像、その一人は二宮尊徳先生である。
（『内村鑑三全集』12巻・岩波書店）

さらに日本の教育者・経営者に大きな影響を与えた教育者であり、昭和時代に活躍した哲学者・故森信三氏は、二宮尊徳の著作を読み、大きな心的変化を起こしたと言われています。そのことを、森信三氏の弟子であった寺田一清氏はこう述べています。

『二宮翁夜話』の第一頁の一文を読んで、森先生は大学入学以来抱き続けてきた多年の迷いは闊然《かつぜん》として氷解したのでした。（中略）
先生は尊徳翁の語録によって、生涯を貫く学問観の根本的立場を授かったのです。
（『森信三小伝』致知出版社）

このように日本を代表する哲学者・教育者が、それぞれ尊徳を高く評価しています。

大谷が学んだ花巻東高校を運営する学校法人花巻学園の創立者も、尊徳の説く報徳思想に感化された人物に違いありません。その証として、学生指導において、森信三氏の教育方針を取り入れている様子が、同校の「学校案内」の〈建学の精神を具現化する〉で次の3つの項目が示されていることでわかります。

1　師弟同行（「礼を正し、場を浄め、時を守る」）励行
2　立腰教育の励行（集中力・持続力を養う）
3　朝読書の励行（読書が人を作る）

花巻東高校が毎日この3項目の励行を教師と生徒が一体となって行っているのを知ると、大谷の球場での様々な行為の源泉がここにあるのだとわかります。つまり彼の行動も考え方も、報徳思想からきているのです。

その報徳思想について、大日本報徳会ではこう説明しています。

報徳とは二宮尊徳が、その生涯の生活と体験を通じて社会道徳の規範を考え、人間として社会生活を行うための行動の基本となるものをつくり、自ら実践し、それをそのまま雛形として後世につたえたものです。

その特色とするところは、生活信条となる道徳、即ち生活やモラル等一般的な道徳活動と経済活動は、別々なものであってはならないとされています。

尊徳の有名な言葉「道徳なき経済は罪悪であり、経済なき道徳は寝言である」は、この報徳思想からきたものです。

4つの生活指針

大谷の生き方の根源には、高校で学んだ報徳思想があると私は思っています。ですから彼の生活指針は、次の4つから成っていることから明らかです。

至誠〈誠実なこと〉
勤労〈社会に役立つために働く〉
分度〈自分の立場をわきまえ、倹約を心掛け、自分に合った生活をする〉
推譲〈余裕の財産は、自譲〈家族・子孫のために残す〉し、他譲〈他人・社会のために譲る〉する〉

彼が他のプロの選手と違うのは、この報徳思想によって、心構えがしっかりとできているところです。

私は彼の活動を通じて、プロ野球の選手としてだけでなく。人間として一流の人物であると考えますが、それは心の姿勢である心構えが、日々、磨かれていく習慣が身についているからだと考えています。

この心構えは、毎日ゼロになってしまう能力です。そのことに気づいたのが二宮尊徳で、彼は「心田開発」という言葉を用いて、心の田んぼに生える雑草は、毎日、摘み取っていかないと、すぐ田んぼは荒れてしまう、と言う例を使って、心の手入れを毎日怠ってはならないと諭しています。

ところが、この心田を毎日手入れすることを難儀に思う人がほとんどです。ですから、江戸時代、尊徳が指導した農村で、農民たちの間で、尊徳の指示通りの行為を行うのが嫌で、村を逃げ出す人も出たのです。それだけ、正しい行動をきちんと行うことができない人が、昔も今も、ある割合で存在するものです。

その点、大谷は勉強もよくできたようで、野球以外の道に進んでも、人間性（心構え）

が優れていることから、かなりの実績を残す人物になれる可能性が高いと思います。

しかし、大谷はこれからの人ですから、報徳思想に裏付けられた彼の心構えの力で、アメリカの野球界で大躍進してもらいたいものです。

彼は、必ずや、ベーブ・ルースを超える、アメリカの大リーガーでも屈指の偉大な選手になると私は思っています。

読者の皆様とご一緒に、その「大谷翔平」の今後の活躍を楽しみにしていこうではありませんか。

おわりに

～結局は良い習慣と心構え～

大谷がドジャースに移籍後、彼に関するニュースがテレビで報じられる頻度が断然多くなっています。その要因は、何といっても、スポーツ選手として、今まで誰も実現したことのない超高額（7億ドル／約1050億円）の契約金を獲得したことにあるのではないでしょうか。

これは大谷が世界トップの商品価値を有するアスリートであることを示したもので、彼の存在に気づかなった人々も、このニュースに接して驚くと同時に、大谷に対する関心を強く持ったのだと思います。

この件に関して、私が不思議に感じたのは、大リーガーの有力な選手たちが、こぞって彼を称え、またスポーツ記者たちも、それに同調し、彼らの中から誰一人として、彼の悪口や批判を言う人がいないことでした。

つまりそれだけ彼の二刀流の才能と人間性に、関係者すべてが驚嘆し、またリスペクトしている証拠だと思います。

この本の最後の章で触れましたが、彼の素晴らしい人間性は、彼の心構えが醸し出しているものです。その心構えの3要素（積極性・明朗性・利他性）を支えているのが、彼が高校時代に学んだ報徳思想であろうと、私は考えています。

このことは、私以外は誰も指摘していませんが、今の日本の教育界には、報徳思想を高く評価することを拒む雰囲気があるからだと思うのです。

それほど戦後の教育は、終戦直後に我が国を占領した連合国軍の指示で、戦前に培われた日本の伝統を徹底的に排除することがなされ、その施策が、今なおずっと続いていると考えられるのです。

この状態は、日本の政府と国民の自虐史観による、怠慢によるものと申し上げてよろしいでしょう。

ですから、大谷の背後に尊徳思想が横たわっていることを、マスメディアも教育関係者も決して口にはしないでしょう。

それは非常に残念なことですが、今の日本の現状がそうであることを認識し、それでもなお、大谷の精神を支えている心構えの背後について、彼を知る者としては、密かに理解しておきたいものです。

そうした事実を踏まえると、商売繁盛の基本は何であるかは、もう言うまでもなく当事者の心構えであるということです。

心構えを作る良い習慣（行動と考え方）を日々実践していけば、その人は必ず、人々に支持され、商売（事業）は順調に展開してまいります。

その意味からも、商売繁盛の基本は、実に単純明快です。

当たり前の良い習慣を継続実践していけば、誰もがうまくいくのです。その反対に、どんなに高邁な理論武装をしようと、良い習慣を継続実践できない人には、長い間に、次第にすべてがうまくいかなくなるものなのです。

そのことを、「大谷翔平」は自分の人生で示してくれているのです。彼の野球人生がうまく展開しているのは、彼の心構えを作る良い習慣を実践していることにあるのです。

そのことを、この本を読んでくださったあなた様には、よくよく分かっていただきたいのです。

そうしていただければ、彼の活躍が、深く理解できると共に、あなた様の人生にとっても、いい刺激とヒントになっていくと思います。

何かのご縁で、この本を読んでくださったあなた様のご厚意に、筆者として心からお礼を申し上げます。そして、今後の長い人生で、この本で述べさせていただいたことが、あなた様のお役に立つことができれば、こんな嬉しいことはございません。

ここまで読んでいただき、誠にありがとうございました。

最後に、この本の執筆にあたり、ぱるす出版の梶原純司社長様には多大なご協力を賜りました。そのことに対し、この紙面を借りて、衷心よりお礼を申し上げたいと存じます。

２０２４年５月吉日

田中　真澄

田中　真澄（たなか　ますみ）

1936（昭和11）年福岡県生まれ。東京教育大学（現筑波大学）卒業。日本経済新聞社、日経マグロウヒル社（現日経BP社）を経て、1979（昭和54）年独立、ヒューマンスキル研究所設立。以来、今日まで、社会教育家として講演、執筆を通じて多くの人たちにやる気を起こさせ、生きる勇気と感動を与えている。著書99冊（本書を含む）、講演回数は7,000回を優に超える。88歳の今も現役モチベーショナルスピーカーとして活躍中。

大谷翔平に見る商売繁盛の基本

令和６年６月20日　初版第１刷

著　者　　田　中　真　澄
発行者　　梶　原　純　司
発行所　　ぱるす出版 株式会社
東京都文京区本郷2-25-14　第１ライトビル508　〒113-0033
電話（03）5577-6201　FAX（03）5577-6202
http://www.pulse-p.co.jp
E-mail　info@pulse-p.co.jp

本文デザイン　オフィスキュー／表紙カバーデザイン　㈱WADE

印刷・製本　株式会社 エーヴィスシステムズ

ISBN 978-4-8276-0278-4　C0011